25 CENTIMES
LA LIVRAISON.

OUVRAGE ILLUSTRÉ
DE TRENTE-DEUX GRAVURES SUR ACIER.

D'APRÈS

MM. Horace Vernet, Ary Scheffer, Steuben,
Schnetz, Eugène Delacroix, Larivière, Alfred Johannot,
Henri Scheffer, Drolling, Abel de Pujol,
Biard, Vandermeulen, Lebrun, Couder, etc., etc.

25 CENTIMES
LA LIVRAISON.

ise de Rome par les Gaulois.
Conquête des Gaules par Jules César.
Invasion d'Attila.
Bataille de Tolbiac.
Frédégonde et Brunehaut.
Expéditions de Charlemagne.
Pillage de Paris par les Normands.
Croisades.
uerre contre les Albigeois.
Bataille de Bouvines.
Vêpres Siciliennes.
Combat des *Trente*.
La Jacquerie.
Les Maillotins à Paris.
magnacs et Bourguignons.
Faction des Cabochiens.
Journée des *Harengs*.

HISTOIRE
DES GUERRES
DE FRANCE

DEPUIS L'OCCUPATION DE LA GAULE JUSQU'EN 1789.

PAR

AMÉDÉE GOUËT.

Jeanne d'Arc.
Bataille de Marignan.
Camp du Drap-d'Or.
La Saint-Barthélemy.
Guerre de la Ligue.
Journée des Barricades.
Guerre de Trente-Ans.
Soulèvement des va-nu-pieds en Normandie.
Conspiration de Cinq-Mars.
La Fronde.
Bombardement d'Alger.
Guerre pour la succession d'Espagne.
L'homme au masque de fer.
Soulèvement des Cévennes.
Conspiration de Cellamare.
Bataille de Fontenoy.
etc., etc., etc.

Dire les guerres d'un peuple, c'est raconter son histoire.
JULES CÉSAR.

PARIS.

SERRIERE, ÉDITEUR, rue Montmartre, 123; | MARTINON, LIBRAIRE, rue de Grenelle-Saint-Honoré, 14;
ET A LA LIBRAIRIE NOUVELLE, BOULEVARD DES ITALIENS, 15.

1854.

Livraison.

25 CENTIMES
LA LIVRAISON.

OUVRAGE ILLUSTRÉ
DE TRENTE-DEUX GRAVURES SUR ACIER.
D'APRÈS
MM. Horace Vernet, Ary Scheffer, Steuben,
Schnetz. Eugène Delacroix, Larivière, Alfred Johannot,
Henri Scheffer, Drolling, Abel de Pujol,
Biard, Vandermeulen, Lebrun, Couder, etc., etc.

25 CENTIMES
LA LIVRAISON.

Prise de Rome par les Gaulois.
Conquête des Gaules par Jules César.
Invasion d'Attila.
Bataille de Tolbiac.
Frédégonde et Brunehaut.
Expéditions de Charlemagne.
Pillage de Paris par les Normands.
Croisades.
Guerre contre les Albigeois.
Bataille de Bouvines.
Vêpres Siciliennes.
Combat des *Trente*.
La Jacquerie.
Les Maillotins à Paris.
Armagnacs et Bourguignons.
Faction des Cabochiens.
Journée des *Harengs*.

HISTOIRE
DES GUERRES
DE FRANCE

DEPUIS L'OCCUPATION DE LA GAULE JUSQU'EN 1789.

PAR

AMÉDÉE GOUËT.

Dire les guerres d'un peuple, c'est raconter son histoire.
JULES CÉSAR.

Jeanne d'Arc.
Bataille de Marignan.
Camp du Drap-d'Or.
La Saint-Barthélemy.
Guerre de la Ligue.
Journée des Barricades.
Guerre de Trente-Ans.
Soulèvement des va-nu-pieds en Normandie.
Conspiration de Cinq-Mars.
La Fronde.
Bombardement d'Alger.
Guerre pour la succession d'Espagne.
L'homme au masque de fer.
Soulèvement des Cévennes.
Conspiration de Cellamare.
Bataille de Fontenoy,
etc., etc., etc.

Nous ne savons quel sage, questionné sur ses aïeux, répondit, en montrant une histoire de son pays :

« *Voilà mes parchemins.* »

En effet, un peuple a, comme une famille, ses archives et ses titres : patrimoine indivis, appartenant à tous les hommes du même pays, et qui forme son histoire. Or, est-il une histoire plus brillante et plus glorieuse que celle du peuple de France, archives de quarante générations héroïques ? Où chacun d'entre nous pourrait-il puiser de plus légitimes sujets de fierté? Cette histoire, œuvre collective de nos ancêtres, impérissable monument qu'ils nous ont légué et chargé de continuer, avec le devoir de le transmettre à nos descendants, plus avancé et plus parfait, se déroule à travers les siècles comme une *Iliade* grandiose d'une infinie variété de tons et de couleurs.

L'auteur en a décrit les vicissitudes, suivi pas à pas les étapes depuis la première irruption des *brenns* gaulois en Italie jusqu'à l'expédition du général Lafayette, allant au secours de la patrie de Washington et de Franklin. Dans cette immense campagne, il a dû visiter plusieurs fois toutes les parties du monde : — l'Italie et la Grèce, d'abord avec les Gaulois; l'Allemagne, à la suite de Charlemagne; l'Angleterre, sur les pas de Guillaume le Conquérant; l'Asie et l'Afrique, en compagnie des Croisés; l'Espagne, guidé par le duc de Vendôme; les Grandes-Indes, avec Dupleix, Suffren, Lally-Tollendal; l'Amérique, enfin, sous la conduite de Lafayette et de Rochambeau, — racontant les exploits, les succès, les revers, les joies et les douleurs de tous ces nobles enfants de la commune patrie, dont les travaux ont fait la nation française illustre et puissante entre les nations.

CONDITIONS DE LA SOUSCRIPTION.

L'Histoire des Guerres de France, par M. Amédée Gouet, formera huit beaux volumes grand in-8°, papier jésus vélin satiné, illustrés de 32 gravures sur acier, comme il est dit ci-dessus, et sera publiée en 200 livraisons.

Prix de chaque livraison : 25 centimes.

ON SOUSCRIT A PARIS,

SERRIERE, ÉDITEUR,
Rue Montmartre, 123.

MARTINON, LIBRAIRE,
Rue de Grenelle-Saint-Honoré, 14.

ET A LA LIBRAIRIE NOUVELLE, BOULEVARD DES ITALIENS, 15.

S'adresser, dans les départements, aux dépôts des publications illustrées.

PARIS. — Imp. SERRIERE et Cie, rue Montmartre 123.

On ne saurait imaginer un roman, un poème, un recueil d'aventures, d'un intérêt plus saisissant, d'un enseignement plus étendu et plus varié, que le simple récit de la vie d'une grande nation à travers les âges, que cette immense épopée, ayant pour théâtre le monde, pour durée vingt siècles, et pour acteurs quarante générations de millions d'hommes!

Prendre un peuple à son enfance, demi-nu et sauvage, ne possédant en fait d'abris que des huttes de terre, en fait de monuments que de vastes forêts : temples de ses Dieux; le suivre d'année en année, dans son développement progressif; raconter ses mœurs, ses croyances naïves, ses passions, ses vertus, ses fautes, ses luttes, ses désastres, ses succès, ses travaux, quelle tâche plus large et plus féconde! qui pourrait inventer une fable où les faits s'enchaînassent avec plus de vérité? trouver un écrin plus riche de drames héroïques, de bouffonnes comédies et de hautes leçons?

Mais l'immensité même de l'œuvre offre un écueil, qu'en entreprenant de raconter la vie de nos ancêtres, nous avons dû nous efforcer d'éviter. Dans ce but, nous bornant à indiquer, d'une manière succincte, les événements d'un intérêt secondaire, dont le détail ne peut que fatiguer l'attention du lecteur, nous avons réservé les développements pour ces grandes manifestations qui commandent l'existence d'une nation ; les guerres étrangères et intestines : péripéties fatales, auxquelles se rattachent tous les actes importants, soit comme causes, soit comme conséquences. Notre histoire, en tant que peuple, n'est-elle pas là, en effet? Ne sommes-nous pas les enfants, ou tout au moins les héritiers de ces deux mères détestées et maudites? N'est-ce pas la guerre étrangère qui a conquis à la France une place respectée sur la carte du monde? qui l'a élevée au rang qu'elle occupe parmi les nations? N'est-ce pas la guerre civile qui, sur les débris de l'hydre féodale, a fait au pays son unité, et fondé les institutions qui nous gouvernent?

C'est qu'un peuple, non plus qu'un homme, ne grandit de corps ni d'intelligence, sans crises douloureuses; et on pourrait dire que les guerres étrangères représentent les manifestations de sa croissance physique, et les guerres civiles, les crises de sa croissance morale.

Sous ce point de vue, le présent livre n'est autre que l'histoire de cette double croissance jusqu'en 1789. Car, à partir de cette époque, ce n'est plus la guerre civile ou la guerre étrangère qui agite la France et l'Europe; c'est la Révolution, — dernier acte de ce drame de vingt siècles, dont la Providence pourrait seule révéler le dernier mot...

Heureux si, en rappelant les vicissitudes de ce pénible enfantement du peuple initiateur, nous devions inspirer l'attachement et le respect pour des traditions qui l'ont rendu, dans les arts, les lettres, les sciences, l'industrie, et la gloire militaire, — le MAITRE et l'ESPOIR du monde!

HISTOIRE
DES GUERRES DE FRANCE

CHAPITRE Iᵉʳ.

Arrivée de proscrits phocéens en Gaule. — Fondation de Marseille. — Ses luttes. — Elle est assiégée par les indigènes. — Et délivrée. — Les Gaulois. — Leur origine. — Leurs mœurs. — Leur culte. — Les druides. — Sacrifices humains. — Les druidesses. — Funérailles d'un chef gaulois. — Expéditions de Bellovèze et de Sigovèze. — Conquête de la Haute-Italie par Bellovèze. — La Gaule cisalpine. — Siége de Clusium. — Intervention des Romains. — Les Gaulois marchent sur Rome. — Bataille de l'Allia. — Prise de Rome. — Elle est incendiée et détruite. — Siége du Capitole. — Dévoûment de Camille. — Le Capitole est sauvé par les oies sacrées. — Rançon de Rome. — *Malheur aux vaincus!* — Les Gaulois sont attaqués par Camille. — Nouvelles irruptions. — Bataille d'Albe. — Manlius *porte-collier*. — Valerius *corbeau*. — Decius se dévoue aux Dieux de la mort. — Revers des Gaulois. — Sanglante défaite dans les plaines de Telamon. — Et sous les murs de Clastidium. — La Gaule cisalpine est conquise par les Romains. — Sigovèze. — Sort des Gaulois qui l'ont suivi. — Ils conquièrent la Macédoine. — Envahissent la Grèce. — Siége de Delphes. — Terreur panique. — Ruse d'Antigone. — La Galatie. — Colonies gauloises. — Les Romains étendent leur empire. — Marseille leur ouvre les portes de la Gaule. — Ils fondent la ville d'Aix. — Défaite des Gaulois Arverniens dans les plaines d'Avignon. — Fondation de Narbonne. — La Gaule narbonnaise. — Invasion des Kimris-Teutons. — La Gaule est ravagée par ces Barbares. — Les légions romaines taillées en pièces. — Ils marchent sur Rome. — Marius. — Il extermine les Teutons près d'Aix. — Et les Kimris dans les plaines de Verceil. — Jules César.

Il existe une relation pleine de grâce et de fraîcheur sur le mariage de la Barbarie gauloise avec le Génie civilisateur de la Grèce.

600 avant J.-C., un navire parti de Phocée, ville d'Ionie, vint jeter l'ancre à l'Est des bouches du Rhône.

C'était au matin d'une belle journée de printemps. La plage était déserte et silencieuse. Aucun bruit ne troublait les profondeurs de l'air ; et c'est à peine si la brise faisait frissonner au soleil le feuillage de forêts vierges qui, des bords de la mer, s'étendaient vers le Nord dans un lointain sans bornes.

Descendus sur la grève, les étrangers parurent se recueillir, saisis du calme imposant que présentait cette côte muette et solitaire. A leurs pieds, un sol inculte. Devant et autour d'eux des bois profonds, remplis d'une obscurité mystérieuse, des collines brûlées ; nul vestige de la présence de l'homme, nulle trace de la prise de possession de ce rivage.

Ils se prosternèrent, les mains levées au ciel, et avec l'expression d'une douce joie et d'une immense reconnaissance.

Bientôt cependant, des cris joyeux se firent entendre derrière le rideau de buissons et d'arbres entrelacés qui bordaient la forêt. A ces cris, répondirent les rauques mugissements d'un orchestre sauvage.

Ce jour-là même, le chef du clan des Gaulois Salyens, nommé Nann, devait marier sa fille Petta.

Le premier moment de surprise passé, les Phocéens, guidés par la symphonie de la fête, s'avancèrent sous la voûte des arbres. Arrivés au seuil d'une clairière, ils furent immédiatement environnés par la foule curieuse des indigènes : hommes et femmes au teint d'une blancheur éclatante, rouges de cheveux, robustes de membres, gais et naïfs de gestes et de physionomie, demi-nus, parlant tumultueusement, interrogeant tous à la fois.

On les conduisit devant le chef de la tribu.

Nann habitait une vaste cabane de forme ronde, éclairée par le haut, et dont les murailles étaient faites de branches d'arbres, jointes entre elles par des tresses de jonc. Le toit de ce palais primitif était couvert de paille, et le sol tapissé d'herbe fraîchement coupée. Au fond, se trouvait un lit composé de quelques peaux de bêtes sauvages étendues par terre les unes sur les autres.

A la vue des étrangers, Nann, sans quitter le lit où il se tenait assis à la manière orientale, inclina la tête en mettant la main sur sa poitrine. C'était un grand, fier et robuste vieillard, portant de longues moustaches grises, les joues et le menton rasés. Ses yeux bleus étincelaient de défiance, et sa chevelure, relevée sur le sommet de la tête, donnait à sa physionomie un air dur et farouche. Il était habillé d'une *saie* de toile à carreaux de couleur, sorte de tunique descendant jusqu'aux genoux, et d'un large pantalon de peau appelé *brague* ou *braie* : vêtement national des Gaulois. Quatre à cinq colliers d'or lui descendaient du cou sur la poitrine, ses doigts étaient chargés d'anneaux et ses poignets de bracelets du même métal. A la portée de sa main étaient ses armes : une lance au fer long et recourbé, un arc, des flèches, une hache. Un bouclier d'osier, recouvert d'un cuir épais, était accroché à la muraille.

Près des armes, des pieux fichés en terre supportaient des crânes enrichis d'or et de corail, et qui représentaient des trophées de victoire, servant à l'occasion de coupes de festin.

Le chef des Phocéens, Euxène, — c'est le nom que lui donne l'historien grec Aristote, — s'avançant dans la cabane, salua le vieillard en langue celtique. Cette langue était connue des peuples de la Grèce. Depuis longtemps déjà, les habitants de Rhodes et de Tyr entretenaient des relations de commerce avec les naturels des bords de la Méditerranée.

Répondant ensuite aux questions de Nann, Euxène lui raconta son histoire. Cyrus, roi d'Assyrie, avait envahi l'Asie-Mineure et placé l'Ionie sous le joug d'un de ses satrapes, nommé Harpalus, homme cupide et sanguinaire. Plutôt que d'assister à la ruine de leur patrie, soldats impuissants d'une cause désespérée, Euxène et ses compagnons avaient préféré s'exiler.

Aux paroles du noble banni, le regard du patriarche gaulois était devenu plus doux. Nann plaignit la triste destinée des hôtes que lui envoyait Hesus, le Dieu de la guerre. Il leur offrit l'ombre de ses forêts, l'eau de ses sources et l'abri de sa cabane pour le temps qu'ils séjourneraient dans le pays. Les Salyens, non moins émus que leur chef, se pressaient autour des étrangers, et considéraient avec des yeux ébahis leur riche costume et leur noble maintien.

Curieux de voir le navire qui les avait amenés, Nann suivit bientôt après, du côté de la plage, Euxène et ses amis, causant avec eux comme un père avec ses fils.

Rentrés vers le milieu du jour, ils trouvèrent la cabane occupée par les apprêts d'un festin, donné en l'honneur des fiançailles de la fille du vieux chef. Petta devait choisir entre les nombreux prétendants à sa main.

Déjà ceux-ci se tenaient rassemblés autour des chaudières et des broches, ou couchés par terre sur des peaux de bêtes, en attendant le service (1). Le menu du repas se composait d'énormes quartiers d'aurocks, espèce de taureau sauvage, de porcs et de bisons, alors très communs dans les forêts de la Gaule, et de toute sorte de gibier. Ces masses de viande étaient, au sortir des chaudières ou des flammes, servies aux invités, parées de leur seul fumet. C'était un festin digne des héros d'Homère. Les parts faites à l'aide du couteau, les convives s'escrimaient contre elles avec les seules armes que la nature leur eût données : leurs doigts et leurs dents. Ils mangeaient comme les lions. De jeunes enfants leur servaient à boire, dans des coupes de cuir, d'écorce d'arbre, d'argent ou même d'or, une sorte de bière faite avec de l'orge fermentée, et que l'on nommait *cervoise*. L'écume, ou plutôt la levure de cette liqueur était habi-

---

(1) « Ils ne prennent point leurs repas (les Gaulois) assis sur des chaises, mais ils se couchent par terre sur des peaux de loups et de chiens, et ils sont servis par leurs enfants de l'un et de l'autre sexe qui sont encore dans la première jeunesse. A côté d'eux sont de grands feux garnis de chaudières et de broches où ils font cuire de gros quartiers de viande. On a coutume d'en offrir les meilleurs morceaux à ceux qui se sont distingués par leur bravoure... Souvent leurs propos de table font naître des sujets de querelle, et le mépris qu'ils ont pour la vie est cause qu'ils ne font pas une affaire de s'appeler en duel. » (Diodore de Sicile.) — Une histoire ne peut être qu'un recueil de faits, puisés chez les vieux auteurs, et appréciés par l'écrivain. Chaque paragraphe, chaque ligne, pour ainsi dire, doit avoir son autorité. Mais de trop nombreuses citations embarrassent le récit, et le système des renvois a en outre l'inconvénient de distraire l'attention. Aussi nous efforcerons-nous dorénavant d'introduire et de fondre dans le texte même les citations qui nous paraîtront mériter l'intérêt du lecteur.

tuellement employée par les femmes pour se blanchir le teint.

Sur la fin du repas, Petta, vêtue d'une saie blanche et couronnée de roses sauvages, entra dans la cabane, tenant à la main une coupe d'argent remplie d'eau. Elle devait, suivant la coutume empruntée par les Salyens aux Ligures, pleuplade voisine, présenter cette coupe à celui qu'elle choisirait pour mari. La jeune fille, arrêtée au milieu de la chambre, hésita un moment, parcourant du regard les visages épanouis ou suppliants des jeunes guerriers qui s'étaient déclarés à son père; puis, tournant la tête, elle offrit, rougissante de confusion et d'inquiétude, la coupe symbolique à l'hôte du vieux Nann, au proscrit Euxène. Celui-ci l'accepta avec un sourire de bonheur.

Nann, frappé de l'action de sa fille, et croyant y reconnaître l'inspiration des Dieux, consentit au mariage, et promit en dot au Phocéen le rivage où il avait débarqué, et ce qu'il pourrait parcourir de terres en un jour.

Le chef salyen tint ses promesses; et l'heureux Euxène, aidé par lui et ses compagnons d'aventure, put bientôt jeter dans la presqu'île des bouches du Rhône les fondements d'une ville qu'il appela Mas-Salye (présent des Salyens), *Marseille*, ville qu'attendaient les plus brillantes destinées.

En effet, Massalye acquit en peu de temps un développement considérable. Devenue le refuge des nombreux Ioniens chassés de leur pays par les persécutions d'Harpalus, ceux-ci y apportèrent du feu sacré pris sur l'autel de la Vesta phocéenne et l'image de la Diane d'Ephèse. La cité grecque se constitua en République; ses lois défièrent les révolutions durant plusieurs siècles. Dans son discours *pro Flacco*, Cicéron leur rendait cet hommage 500 ans après la fondation de la ville :

« Je ne te passerai pas sous silence, ô Massalye! s'écriait-il, toi qui, pour la discipline et la gravité, es supérieure, non-seulement aux villes de la Grèce, mais encore à celles du monde entier ; toi qui, lointaine et séparée par la langue et par la culture des lettres de toutes les contrées que les Grecs habitent, reléguée aux extrémités du continent, assiégée par les flots de la Barbarie gauloise, es cependant si sagement gouvernée par la prudence de tes principaux citoyens, qu'il est plus facile de louer tes institutions que de les imiter. »

Les premiers ennemis de la ville étrangère furent précisément ceux qui avaient aidé à en poser les fondements. Après la mort de Nann, les Salyens, inquiets de la prospérité envahissante de Massalye, s'unirent pour l'attaquer à la peuplade des Segobriges. Mais une femme gauloise, épouse d'un Massalyen (Massaliote), découvrit le complot. Les conjurés devaient surprendre la ville par trahison ; ils furent eux-mêmes surpris et complètement battus. Leur chef, nommé Coman, périt dans l'action. Toutefois, une coalition plus redoutable ne tarda pas à se reformer. Aux Salyens et Segobriges s'adjoignirent les Ligures, race d'indomptables pirates désolant les côtes de la Méditerranée. La cité phocéenne, assiégée par mer et par terre, courut les plus graves périls. Un torrent d'autres Barbares, descendu de la Haute-Gaule, intervint heureusement tout-à-coup sur le théâtre de la guerre.

Avant d'aller plus loin, nous devons dire quelques mots de la situation intérieure du pays.

A une époque dont l'histoire n'a pas conservé le souvenir, l'espace compris entre le Rhin et l'Océan, les Pyrénées et la mer du Nord (le territoire de notre France, plus, la Belgique et les Pays-Bas), avait été envahi par les flots de nombreux peuples venus directement, soit du fond de l'Asie, soit de ces contrées septentrionales, indiquées par l'historien goth Jornandès comme *la grande fabrique de l'espèce humaine*. Ces peuples généralement désignés sous le nom de Celtes ou de *Galls* (*Galluog*, les *Valeureux*, en langue celtique), paraissaient appartenir à une même race, bien qu'ils fussent divisés en une grande quantité de tribus. Ils occupèrent le pays, qui de leur nom prit celui de Gaule, terre des Galls ou Gaulois. Il est vraisemblable que les Gaulois primitifs vivaient à la manière des naturels de l'Amérique, habitant les cavernes et le creux des arbres, se nourrissant du produit de leurs chasses, de racines et de glands. Ainsi ont dû commencer tous les peuples ; ainsi faisaient les indigènes de la Grèce, sauvages ancêtres des Périclès, des Sophocle, des Lycurgue. Du reste, au temps de leur premier contact avec la civilisation phénicienne (1100 av. J.-C.), telle était pour les Gaulois eux-mêmes l'obscurité de leur origine, qu'ils se prétendaient les descendants du Dieu des enfers : *Tis,* et que, par suite de cette croyance, ils comptaient le temps par les nuits, non par les jours ; usage qui dura jusqu'au règne de Charlemagne.

Les Phéniciens, habitants de Rhodes et de Tyr, hardis explorateurs du monde alors connu, avaient fondé sur les côtes différents établissements pour l'exploitation de mines d'or et de bancs de corail, aujourd'hui abandonnés. Ils repoussèrent ou domptèrent les indigènes, rebelles à leur action civilisatrice, et, pénétrant dans l'intérieur des terres, ils y bâtirent deux villes importantes : Nemausus, *Nîmes,* et Alesia, *Alise;* cette dernière, devenue fameuse par le siége qu'elle soutint contre César, mais dont il ne reste plus que le souvenir. Elle était située au sommet du mont Auxois, entre Semur et Saint-Seine (Côte-d'Or).

Sous la domination de ces industrieux étrangers, les Gaulois perdirent quelque peu de leur sauvagerie native. Ils renoncèrent à leur abominable coutume d'immoler les voyageurs au Dieu Hesus. Et, autant par mesure de défense que pour obéir à l'exemple qui leur était donné, ils rassemblèrent, en bourgades, leurs huttes jusqu'alors semées au hasard dans les forêts, se choisirent à l'élection des chefs de guerre, puis des juges, chargés de prononcer sur leurs différends. Chaque bourgade, ainsi constituée, forma une sorte de petite république, ayant ses magistrats, ses assemblées délibérantes, ses lois, son nom particulier qui devint la qualification nationale des membres associés de la tribu.

Peu à peu, ces associations, dont le premier lien était la parenté, entrèrent collectivement en relations les unes avec les autres et s'unirent pour l'attaque ou la défense. Dans ces occasions, les chefs ou *tierns* de chaque tribu, élisaient un chef suprême, *brenn,* général d'armée. Mais le brenn n'exerçait qu'une autorité limitée ; jaloux de leur indépendance, les Gaulois ne lui laissaient le commandement militaire que le moins de temps possible. Seuls, les druides obtinrent sur eux un empire sans limites.

Avant l'établissement de ces prêtres lugubres, amenés par l'invasion des *Kimris* (Cimbres), dont nous aurons à parler dans un moment, les indigènes reconnaissaient des Dieux dans tous les produits et phénomènes de la nature qui frappaient leurs sens ou impressionnaient leur imagination naïve. La pluie, les vents, les arbres, les lacs, les rivières, le tonnerre, la lune et le soleil, étaient les objets de leur culte. Comme ces pauvres Lapons dont parle Regnard dans son voyage en Laponie, ils adoraient également des pierres brutes de différentes formes qu'ils réunissaient avec un soin religieux dans des endroits consacrés. C'était à ces divinités innocentes qu'ils sacrifiaient les voyageurs. Mais leurs relations avec les Phéniciens les pénétrèrent insensiblement des idées de la mythologie grecque, et ils en vinrent à invoquer Jupiter, le maître du tonnerre, sous le nom de *Tarann*, Mars sous celui d'*Hesus*, Mercure et Apollon sous ceux de *Teutatès* et de *Bel*.

Sans proscrire ces Dieux, les druides s'en constituèrent les ministres.

Rien de sombre comme la grave et majestueuse figure de ces prêtres, apparaissant au fond des antiques forêts de la Gaule, environnés de flammes et de sang. Le souvenir qu'ils ont laissé dans notre histoire produit une vague impression de respect et d'horreur.

Leur doctrine religieuse est d'ailleurs restée enveloppée du mystère dont ils s'efforçaient de l'entourer. D'après les témoignages incomplets des historiens étrangers, on sait seulement que les druides professaient l'immortalité de l'âme, l'éternité de la matière, la transmigration des esprits. La mort n'était, suivant eux, qu'une transition entre deux existences, qu'un changement de manière d'être ; et telle était la foi des Gaulois dans ce dogme, qu'ils confiaient aux morts, sur le bûcher des funérailles, des lettres à l'adresse de leurs amis, habitant le pays des âmes; qu'ils stipulaient entre eux des remboursements de créances, payables dans l'autre monde. Il serait aujourd'hui assez difficile de trouver à emprunter à de pareilles conditions.

Toutefois, si cette doctrine, d'un caractère incontestablement plus élevé que les poétiques rêveries de la mythologie grecque et romaine, avait pour effet d'inspirer aux guerriers gaulois le mépris de la mort dans les combats, elle devenait pour les druides fanatiques une excitation à d'abominables massacres religieux. Un homme, dans leur croyance, n'étant rien que la forme transitoire d'une âme immortelle, ils le sacrifiaient sans scrupule, sous le prétexte le plus léger, persuadés qu'en l'immolant, ils lui faisaient uniquement changer de manière de vie. Néanmoins, ces sacrifices étaient célébrés avec un appareil des plus lugubres.

Au fond des forêts vierges qui couvraient le territoire, sous la sombre voûte des arbres centenaires, les druides (hommes des chênes, *derw*, chêne, en langue celtique) se montraient revêtus de longues robes blanches, couronnés de feuillage, leur barbe tressée de fils d'or descendant sur la poitrine. Ils étaient entourés des *ovates* (eubages), médecins, physiciens, soumis à leur hiérarchie, et des *bardes*, poètes chargés de célébrer les louanges des Dieux et des guerriers.

On amenait les victimes.

C'étaient le plus souvent des prisonniers de guerre ; à défaut de prisonniers, des voleurs condamnés ; à défaut de voleurs, les premiers venus : vieillards ou jeunes hommes. On les couchait, la face tournée vers le ciel, sur ces larges tables de pierre, *dolmens*, que l'on retrouve encore en si grand nombre, dispersées sur le sol de nos départements de l'Ouest: Finistère, Morbihan, Ille-et-Vilaine, Eure-et-Loir. Le chef des druides s'approchait du patient, l'examinait, et marquait, soit au cou, soit à la poitrine, la place où il fallait le frapper. Armé du fer sacré, l'ovate consommait ensuite le sacrifice, pendant que les druides étudiaient les mouvements convulsifs de l'agonie du supplicié et que les bardes chantaient, en s'accompagnant de la rhotte (sorte de guitare), les louanges des Dieux immortels.

Les druides, dit encore César, croient ne pouvoir apaiser les Dieux qu'en leur offrant vie pour vie. Aux jours des dangers de la guerre, à l'apparition d'un fléau public, ils font construire des statues d'osier d'une énorme grandeur, qu'ils remplissent d'hommes vivants, victimes expiatoires, et entourent de piles de bois auxquelles ils mettent le feu. Les malheureux enfermés dans ces statues expirent au milieu des flammes.

Dreux (la ville des chênes) était le rendez-vous des assemblées druidiques. Sur le Mont-Dru, près d'Autun, les druides avaient établi un collége. Leur influence était sans bornes; ils instruisaient la jeunesse et rendaient la justice, privant de la participation aux solennités religieuses ceux qui refusaient de se soumettre à leurs décisions : châtiment redouté ! véritable excommunication qui brisait jusqu'aux liens de la famille, et rejetait hors de la protection des lois celui qui l'avait encouru.

Une cérémonie plus innocente, à laquelle présidaient ces prêtres terribles, était la cueillette du gui, sorte de plante parasite qui croît sur les branches des chênes, et à laquelle ils attribuaient la vertu de neutraliser l'effet des poisons. Cette cérémonie s'accomplissait pendant le dernier mois de l'année, *le mois sacré* (février. L'année était divisée en trois saisons : hiver, printemps, été; et ces trois saisons, en neuf mois). Le chef des druides, au jour désigné, parcourait les forêts, suivi de trois druides marchant de front, des ovates, des bardes et de la foule du peuple. Le gui découvert, il montait sur le chêne, et séparait de l'arbre la précieuse plante avec une faucille d'or; les autres druides la recevaient dans une toile de lin qu'ils tenaient étendue sous les branches. Au premier jour de l'année suivante, la sylvestre panacée était distribuée à la multitude, qui accourait la réclamer en poussant les cris de : *A gui l'an neuf!* C'étaient les étrennes pieuses de l'époque.

Sur ces plages des départements de l'Ouest, si mélancoliques, si remplies de souvenirs austères, se trouvaient aussi des colléges de druidesses ; car les femmes étaient comme les hommes appelées à l'exercice des fonctions sacerdotales. Elles offraient aux Dieux des sacrifices propitiatoires, et rendaient des oracles. Leur autorité n'était pas moins étendue que celle des druides. Le plus célèbre de ces colléges occupait l'île de Sena (Pont des Saints, à la pointe du département du Finistère).

Sur cet âpre rocher, incessamment battu par une mer furieuse, on voyait, pendant les nuits d'orage, tourbillonner des rondes étranges, courir çà et là de vagues fantômes de femmes échevelées, demi-nues, agitant des torches dont la clarté fantasmagorique se mêlait à la lueur des éclairs ; à travers le bruit de la tempête, on entendait la cadence précipitée d'un chant triste et sauvage. Puis les torches s'éteignaient brusquement, et la nuit recouvrait de ses voiles impénétrables le mystère de cette apparition.

Les druidesses avaient la réputation de commander aux vents et aux flots de la mer, et les navigateurs ne laissaient pas de les consulter sur les chances de leurs entreprises. Elles intervenaient dans les affaires publiques. Lors de son passage à travers la Gaule, Annibal, témoin de leur influence, voulut attacher à son armée un conseil de ces prêtresses, destiné à juger les différends des Gaulois engagés sous ses drapeaux. Malheureusement, elles ne se bornaient pas à rendre des décisions judiciaires et à prédire l'avenir. Comme les druides, elles accomplissaient d'épouvantables sacrifices, surtout en temps de guerre. « Dans ces circonstances, rapporte Strabon, elles se vêtissaient de blanc, et portaient une ceinture d'airain, les jambes et les pieds nus. Dès que les guerriers avaient fait quelques prisonniers, elles accouraient, le couteau à la main, jetaient les victimes par terre, et les traînaient jusqu'au bord d'une citerne. Là, se tenait sur un trépied de fer la druidesse qui devait officier. On couchait devant elle les malheureux, auxquels elle plongeait aussitôt une lame acérée dans la poitrine, observant la manière dont le sang coulait. Après cette opération, les autres druidesses ouvraient les cadavres, en examinaient les intestins et en tiraient des pronostics qu'elles s'empressaient d'aller communiquer aux chefs de l'armée. C'était sur ces avertissements que les chefs décidaient des opérations les plus importantes. »

Ces rites sanguinaires réagissaient sur les mœurs des Gaulois, et les rendaient impitoyables pour eux-mêmes, comme à l'égard de leurs ennemis.

Aux funérailles d'un chef, ses *dévoués*, que l'on nommait saldures, compagnons d'armes attachés à sa personne, se condamnaient volontairement à périr avec ses serviteurs et tout ce qui lui avait appartenu. Immense et horrible hécatombe ! Au milieu de la clairière d'une forêt, un trou profond et large était creusé. Dans ce trou, on entassait un vaste bûcher, sur lequel étaient déposés la dépouille du mort, ses habits, ses armes et ses objets les plus précieux. Dès que la flamme commençait à monter, on y lançait son cheval de guerre; puis les esclaves, les *dévoués* et sa femme, telle qu'une veuve de l'Inde, se jetaient l'un après l'autre dans la fournaise ardente, pendant que les bardes chantaient les vertus héroïques du guerrier que les Dieux avaient retranché du nombre des vivants.

On comprend que des hommes si peu attachés à la vie dussent être braves dans les combats. Il ne paraît pas, d'ailleurs, que ces coutumes affreuses aient altéré la gaîté naturelle du caractère gaulois. Cette gaîté légère et frivole était proverbiale chez les Romains, peuple plus avancé en civilisation, et conséquemment plus réfléchi.

Curieux à l'excès, simple, crédule, et cependant vain, hâbleur, vantard, fier de sa taille colossale (7 pieds, le pied romain n'avait que 11 pouces), de sa force, qui était prodigieuse à son premier élan, mais *fondait comme la neige*, suivant l'expression d'Annibal ; aussi prompt à s'enthousiasmer que facile à décourager ; sans persévérance, sans souci de l'avenir, négligé de sa personne, et néanmoins aimant la parure, les chaînes d'or et les étoffes éclatantes ; vindicatif, emporté, d'une extrême versatilité de goûts ; passionné pour la discussion et la destruction, tel se manifestait au moral l'enfant de la Gaule : notre ancêtre de vingt siècles. Il est de malins esprits qui prétendent que, sous certains rapports, nous n'avons pas dégénéré. Au physique, le Gaulois était blond, mais, dans l'intention de se rendre plus terrible d'aspect, il donnait, à l'aide de l'eau de chaux, la couleur des flammes à ses cheveux, qu'il portait tressés en longues nattes, et relevés bizarrement sur le sommet de la tête. Il avait les yeux bleu-clair, et la peau d'une blancheur de lait. Chasser, courir les exercices, discuter dans les assemblées ; au repos, boire ou jouer, avec une prodigalité folle, une rage effrénée, jusqu'à mettre à l'enjeu ses vêtements et, ses vêtements perdus, sa liberté, telles étaient ses occupations.

Avec tout cela, hospitalier, et rendant volontiers le plus léger service au péril de ses jours.

L'agitation était la vie du Gaulois ; son sang jeune, riche, exubérant de vigueur, le tenait dans une mobilité continuelle ; son imagination ardente l'entraînait à la recherche des émotions ; il n'était pas de dangers susceptibles de l'effrayer. Enfant par l'intelligence, n'ayant qu'à demi la conscience de ses actions, et doué des instincts, de la force de l'homme, il se montrait excessivement redoutable, jusque dans ses jeux.

Grâce à la turbulence téméraire et insubordonnée de ses habitants, la Gaule offrait continuellement le spectacle d'un champ de bataille. Toutes les tribus luttaient entre elles, cherchant moins à se dépouiller ou à s'asservir l'une l'autre qu'à faire éclater leur valeur. Or, ce fut au milieu de ce chaos qu'en l'an 587 avant J.-C. apparurent les premières hordes des Kimris, poussées comme les vagues de la mer par une immense avalanche de Barbares, descendue des hauts plateaux de l'Asie sur le continent européen. Ces Kimris, établis précédemment sur l'autre rive du Rhin, étaient de même sang que les Gaulois. Ceux-ci les accueillirent sans hostilité. Seulement, l'arrivée de leurs bandes inspira aux chefs des plus aventureuses tribus l'idée d'entreprendre une expédition lointaine, en sens contraire des nouveaux arrivants.

Ambigat, *tiern* des Bituriges (habitants du Berry), mit le premier ce projet en avant dans une assemblée générale des clans confédérés. A ses paroles, les guerriers heurtent avec enthousiasme leurs lances contre leurs boucliers, poussent des cris de joie, s'empressent autour du chef et le portent en triomphe. Mais Ambigat est accablé par l'âge ; il abandonne à ses neveux l'honneur de guider les émigrants.

Ceux-ci se réunissent au nombre de 300,000, et se partagent en deux corps. L'un se range sous les ordres de Bellovèze, l'autre, sous la conduite de Sigovèze. Les deux armées se mettent aussitôt en route.

Sigovèze traverse le Rhin, pénètre dans la forêt Hercynienne (la forêt Noire), répand la désolation et la terreur dans toute la Germanie, et fonde des colonies, d'abord en Bavière, dont s'empare une partie du clan gaulois des Boïens, puis en Illyrie, où s'établit la tribu des *Carnes* (dans la *Carniole*), en Vénétie, qui devient la demeure des Vénètes, habitants de Vannes (du Morbihan), nommés plus tard Vénitiens, et en Bohême, qu'une autre partie du clan des Boïens occupe et nomme également de son nom (Boïo-Heim, habitation des Boïens).

Quant à Bellovèze, il a suivi les bords du Rhône. Arrivé au moment où Massalye (Marseille) succombe sous les efforts combinés des Salyens et des Segobriges réunis aux Ligures, il intervient dans la lutte, et, gagné par les prières des Massalyens (Marseillais), il tourne ses armes contre les tribus coalisées, défait coup sur coup leurs guerriers, et les condamne à subir les lois de la cité qui lui doit sa délivrance.

Après cette expédition, il franchit les Alpes, descend en Italie par le mont Genèvre, tombe comme la foudre sur les Etrusques (Toscans) et les écrase dans un sanglant combat livré sur les bords du Tesin.

Son armée se composait de Senonais (habitants de Sens, Provins, Auxerre, Melun), d'Arverniens (montagnards de l'Auvergne), d'enfants de Lutèce (Parisiens), de Carnutes (Chartrains), d'Eduens et de Sequanais (habitants des pays nommés depuis Bourgogne et Franche-Comté), et enfin de Bituriges (du Berry). C'étaient les plus turbulents guerriers du territoire.

Vainqueurs des Etrusques, ils se mirent à dévaster toute la Haute-Italie. Les populations fuyaient devant eux, saisies de terreur. Dix-sept villes tombèrent en leur pouvoir, ils les détruisirent toutes de fond en comble. Les Etrusques, colonie lydienne, étaient arrivés à un degré de civilisation avancée. Sans rivaux dans la statuaire et les arts céramiques, ils enrichissaient l'Italie et la Grèce de chefs-d'œuvre qui font encore aujourd'hui l'ornement de nos musées. Tout fut anéanti. Peuple et monuments, tout disparut, effacé du sol par le souffle puissant et brutal des enfants de la Gaule.

Fiers de leur victoire, ces terribles ravageurs se construisirent des huttes aux environs des villes rasées. Dans leur incurie superbe, ils avaient dédaigné de conserver, pour les habiter, les palais de la nation vaincue. Il est vrai que ces huttes, réunies en bourgades, devinrent par la suite des cités plus importantes et plus célèbres que celles qu'ils avaient détruites : Milan (dont le nom celtique est *Mediolann*, et signifie un endroit placé au milieu des terres), Côme, Vérone, Brescia, Padoue, Vicence, Bergame, également filles des conquérants colonisés, ont fait oublier la perte de la lignée monumentale des antiques habitants de l'Étrurie.

Sous la domination des envahisseurs, la Haute-Italie prit le nom de Gaule cisalpine. Mais, pendant deux siècles, la postérité des compagnons de Bellovèze eut encore à guerroyer contre les débris de la nation étrusque réfugiés dans les Alpes et les Apennins ; guerre de partisans, soutenue avec opiniâtreté par les héritiers du peuple dépossédé, et dont toutefois l'histoire n'a mentionné qu'un vague souvenir.

Le cours des événements mit enfin les Gaulois en présence d'adversaires plus formidables : les Romains ! avec lesquels ils devaient se prendre à lutter, dans un duel sans merci, l'espace de plusieurs centaines d'années.

Le contact des deux nations rivales eut lieu 390 ans avant J.-C., et fut amené par un événement analogue à celui qui causa la chute des Tarquins.

Un habitant de Clusium (Chiusi), ville de l'Étrurie trans-apennine, du nom de Aruns, proscrit et retiré chez les Gaulois senonais, est informé que, profitant de son absence, le premier magistrat (lucumon) de la cité qui l'a banni a séduit et enlevé sa femme. Le cœur gonflé de colère, il se lie avec les chefs gaulois et les incite à venger son injure, leur promettant, en récompense, la possession de cette autre Étrurie, dont il leur trace une description séduisante. A l'appui de ses arguments et de ses prières, Aruns fait boire à ses nouveaux amis du vin récolté dans les vignobles clusiniens. C'est une péroraison triomphante! Les esprits les moins enclins à la guerre s'échauffent, les cœurs les plus durs sont attendris. On s'engage à tirer du magistrat suborneur une éclatante vengeance.

Bientôt les guerriers des tribus environnantes se rassemblent en armes, invités par les Senonais à prendre part à l'expédition. Un *brenn* (général) est élu, et 70,000 hommes se mettent en route, guidés par Aruns. Les Apennins sont franchis sans obstacle. Arrivés devant Clusium, les Gaulois demandent à la cité l'abandon d'une partie de son territoire. Mais les Clusiniens, effrayés, ferment sans répondre les portes de leur ville, et envoient des ambassadeurs à Rome.

Les Romains connaissaient depuis longtemps la redoutable audace des Gaulois. Ils avaient eu à lutter précédemment contre quelques-unes de leurs tribus (les Ambrons) qui s'étaient aventurées en Italie, et s'y étaient fixées dans la contrée même occupée plus tard par les Étrusques, et dont s'étaient emparés les compagnons de Bellovèze.

Clusium sollicite des secours. Le sénat en promet. Toutefois, usant de prudence, il veut tenter d'abord des moyens amiables. Trois de ses membres, les fils de Marcus Fabius Ambustus, sont envoyés au brenn gaulois en qualité de parlementaires. A leur arrivée, les Clusiniens, assiégés et réduits à la dernière extrémité, reprennent courage. Les ambassadeurs se rendent au camp des assiégeants. Le brenn (Brennus des historiens latins) les reçoit en présence des officiers de son armée. Invité à se retirer sous la menace de la colère des Romains:

— Apprenez, répond-il en souriant dédaigneusement, que les Gaulois ne redoutent rien, sinon que le ciel ne leur tombe sur la tête!

Cette réponse était passée en proverbe national.

Il ajoute qu'il a demandé aux habitants de Clusium l'abandon d'une partie de leur territoire, et que, si on la lui refuse, il est prêt à la conquérir par les armes.

— Et de quel droit, s'écrie Quintus Fabius, l'un des ambassadeurs, les Gaulois prétendent-ils forcer une cité à leur abandonner une part de son territoire?

— Du même droit qui vous a fait envahir les terres des peuples vos voisins, réplique le brenn. Nos titres, comme les vôtres, sont écrits sur la lame de nos sabres, et nous vous les montrerons quand vous voudrez. La terre appartient au plus vaillant.

C'était le droit politique de l'époque.

Rentrés dans Clusium, frémissants de colère, les Fabius oublient les devoirs que leur impose la position d'ambassadeurs; ils ceignent l'épée, rassemblent les assiégés, les haranguent et les provoquent à sortir des murailles, pour aller relever le défi des fiers enfants de la Gaule.

Les habitants accueillent ces provocations avec chaleur, s'arment, et la lutte est bientôt engagée. Les Clusiniens combattent avec la rage du désespoir; ils défendent leurs foyers et leur vie. Les Gaulois se font un jeu de braver leur fureur. Nus jusqu'à la ceinture, protégés seulement par leurs boucliers légers, ils se précipitent, la lance ou le sabre au poing, au milieu des bataillons. Leur taille colossale, leur aspect terrible, glacent d'effroi les plus hardis. En vain, les trois Fabius encouragent les assiégés et soutiennent dignement l'honneur du nom romain; on n'ose les suivre.

Tout à coup, l'un deux, Quintus, transperce un chef senonais du fer de sa lance. Mais il est reconnu. Les assiégeants se précipitent de son côté. Son cheval est tué. Accablé par le nombre, entraîné par les Clusiniens, il abandonne le champ de bataille.

Trompés dans leur vengeance, les Gaulois envoient à Rome des députés chargés de réclamer le châtiment des Fabius, violateurs de la neutralité. On rejette leur demande. Ils lèvent alors le siège de Clusium et marchent aussitôt sur la ville aux sept collines, résolus à laver dans le sang romain l'outrage qui leur est fait.

A la nouvelle de leur approche, le sénat, voulant dégager sa responsabilité, convoque les comices populaires, et les invite à se prononcer sur la conduite des Fabius. Mais le peuple, loin de condamner ces téméraires ambassadeurs, applaudit à leur agression et les élève au commandement des armées.

Cependant le torrent gaulois traverse l'Italie, ruinant les villes et détruisant les villages placés sur son chemin. L'armée de la République prend position à quatre lieues de Rome, au confluent du Tibre et de l'Allia; elle est commandée par l'un des Fabius, nommé consul. Ce sénateur a su inspirer à ses soldats la confiance qui l'anime. Rempli de bravoure, et plus encore d'amour-propre, il ne doute pas du succès. Il néglige de fortifier son camp, et d'assurer la retraite de ses légions, au cas d'une défaite.

Dans sa folle présomption, il se représente comme faciles à vaincre « ces Barbares que leur taille gigantesque, rapporte Jornandès, et leurs armes d'une dimension prodigieuse rendent si terribles qu'ils semblent nés pour exterminer les hommes et anéantir les cités. »

La gauche de son armée est appuyée à l'Allia (Aia), la droite à une montagne que l'on peut tourner sans obstacle; le Tibre coule sur ses derrières; sa réserve occupe une éminence d'un abord facile. Le vice de ces dispositions n'échappe pas au brenn senonais, dont l'instruction s'est faite sur les champs de bataille. Il dispose son infanterie au centre, et sur les ailes ses impétueux cavaliers.

Au signal, ceux-ci s'élancent avec une fougue irrésistible à l'attaque de la réserve, qui, surprise, lutte néanmoins vaillamment, mais, rompue bientôt, se disperse et couvre l'éminence de cadavres. Le carnage consommé, les cavaliers se replient sur le principal corps des légions de Fabius, et l'investissent par derrière, pendant que l'infanterie gauloise l'assaille de front. Enveloppés de tous les côtés, frappés, pourfendus par un ennemi qu'aucune force n'arrête, que le danger attire, les légionnaires hésitent, se troublent, saisis de vertige et d'épouvante. Jamais ils ne se sont trouvés à pareille fête, jamais le jeu de la bataille ne leur est apparu si formidable. De moment en moment, la résistance devient plus impossible. Décimés, enfoncés, ils se débandent enfin, et cherchent à fuir. Mais les vainqueurs sont sans pitié. Animés par l'action du combat, enivrés de la vue et de l'odeur du sang, ils taillent en pièces et massacrent les débris des bataillons éventrés. Rome n'a pas encore servi à la mort de plus large festin. Ceux de ses enfants qui échappent aux longs sabres gaulois périssent noyés dans le Tibre ou l'Allia.

L'armée du présomptueux Fabius est anéantie.

Il est plus difficile de peindre que de concevoir l'effroi de l'Italie en présence d'un tel désastre. A Rome, l'objet du ressentiment des vainqueurs, les citoyens courent éperdus par les rues, ou sortent de la ville en entraînant leurs femmes et leurs enfants. On s'attend à voir arriver, d'un instant à l'autre, le brenn senonais à la tête de ses farouches compagnons. Mais insoucieux du résultat de la campagne et marchant sans plan déterminé, les braves Gaulois, pendant que tout tremble au bruit de leurs exploits, s'occupent joyeusement à célébrer le gain de la bataille par des orgies désordonnées comme leur bravoure. Ils pillent le pays et s'enivrent de vin, le séduisant breuvage qui, suivant Strabon, les a engagés dans cette lutte. Ce n'est qu'après trois jours d'héroïques débauches qu'ils se décident à franchir les quatre lieues qui les séparent de Rome.

Les habitants ont mis cette courte trêve à profit. Désespérés au premier moment, leur moral s'est relevé.

« Alors se montra plus qu'en aucune autre circonstance le véritable courage romain, dit Jornandès. Les sénateurs, les vieillards revêtus des plus hautes dignités s'assemblent dans le forum. Là, pendant que le pontife prononce les paroles sacrées, ils se dévouent aux Dieux Mânes (à la mort). Chacun retourne ensuite dans sa maison, et couvert du costume, paré des insignes de ses fonctions, s'assied sur sa chaise curule. Tous ont résolu d'attendre l'arrivée de l'ennemi ; dédaignant de fuir, ils sont décidés à mourir, enveloppés dans leur dignité. Cependant les pontifes et les flamines enlèvent des temples les statues des Dieux, les cachent dans des souterrains, ou les placent sur des chariots, et les emmènent avec eux à Veïes. Les vierges du collége de Vesta accompagnent pieds nus les divinités fugitives. »

Certes, il n'est pas dans l'histoire des nations de spectacle plus imposant que celui de ces vieux sénateurs, attendant sur leurs chaises curules, et parés de leurs insignes, l'arrivée d'un ennemi impitoyable. Le peuple chez lequel se révélait un tel caractère de grandeur pouvait prétendre à l'empire du monde.

Toutefois, ce qu'il avait conquis de cet empire, alors en perspective, était au moment de lui échapper avec la vie. Encore quelques instants, et les Gaulois vont peut-être étrangler l'aigle romaine dans son aire.

Ils arrivent. Les portes de la ville sont ouvertes. Ils entrent, mais s'arrêtent aussitôt frappés d'étonnement et de crainte. Les maisons sont fermées, les rues désertes. On dirait une ville morte. Ils poussent un long hurlement de cent mille voix, qui ébranle les monuments sur leurs bases, mais reste sans écho. Effrayés de ce silence, de cette solitude, et redoutant un piége, ils s'avancent à pas lents et le sabre ou la lance en arrêt. Ils parcourent ainsi la cité dans sa longueur.

Leurs pas n'ont éveillé aucune résistance ; ils se rassurent et se divisent en bandes. Dans leur marche, ils ont observé que certaines habitations tiennent leurs portes ouvertes. Ils s'y précipitent. Ce sont les demeures des sénateurs.

A l'aspect de ces vénérables vieillards, immobiles sur leurs siéges, revêtus de leurs toges et tenant à la main une baguette d'ivoire, les Gaulois s'arrêtent, surpris. Ils se croient en présence des Dieux ou des Génies de Rome, et les examinent à distance avec une curiosité respectueuse. Mais l'un d'eux, plus hardi ou plus sceptique que les autres, s'approche et porte la main sur la barbe blanche du sénateur Papirius. Le vieux patricien répond à cette injure en le frappant de sa baguette d'ivoire. De ce moment, leur crainte fait place à la colère ; assurés qu'ils ont affaire à des hommes, ils les interrogent arrogamment. On dédaigne de leur répondre. Exaspérés, ils frappent de leurs sabres ces nobles victimes, et les égorgent.

Ils se répandent ensuite dans les rues, lancent des torches sur les toits, enfoncent les portes des maisons fermées, renversent à coups de bélier les murailles des monuments, si bien qu'en quelques heures la ville ne présente plus qu'un monceau de ruines fumantes.

Rome, cependant, n'est pas encore morte. Tous les jeunes gens en état de porter les armes se sont retirés au Capitole, sainte forteresse dont les murailles renferment les Dieux et les destinées de la République. Là, Marcus Manlius prépare une résistance désespérée.

Inquiétés par les quartiers de roc qu'il lance dans leur camp à l'aide de balistes, les Gaulois, quoique peu habiles dans l'art des siéges, veulent néanmoins tenter un assaut. Ils entonnent avec force un chant de guerre, et gravissent l'escarpement de la montagne, en se couvrant la tête de leurs boucliers. Mais arrivés à mi-chemin, ils rencontrent les soldats de Manlius qui les criblent de traits, les écrasent de pierres, et les précipitent les uns sur les autres dans le gouffre qui s'ouvre au bas du rocher.

Découragé par cet échec, le brenn change le siége en blocus. De longs jours s'écoulent. Les Romains résistent, et leur fermeté lasse les assaillants que le fol incendie de la ville a réduits à la disette, et qui se trouvent en outre attaqués par les habitants des cités voisines, à la tête desquels s'est placé l'illustre Camille.

Banni de Rome, après d'éclatants services et comme soupçonné d'aspirer à la tyrannie, Furius Camillus vivait à Ardée (Ardia), attendant une réparation de son ombrageuse patrie. Mais les dangers de la République lui ont fait oublier l'ingratitude de ses concitoyens. Il arme les membres de sa famille et ses clients ; il excite les Ardéates à marcher avec lui contre les étrangers envahisseurs, et bientôt surprend dans la campagne une bande de Gaulois en maraude, qu'il taille en pièces. Au bruit de ce succès, tout ce qui porte le nom romain, tous les fugitifs de la ville envahie, se rassemblent et, reprenant courage, viennent spontanément se ranger sous les ordres du noble proscrit. A leur tête, Camille harcèle les imprévoyants Senonais, coupe leurs communications et les empêche de se procurer des vivres. Assiégé et affamé dans son propre camp, le brenn se résout à tenter un dernier effort contre le Capitole. Cette forteresse prise et détruite, Rome est supprimée du sol de l'Italie.

Il choisit ses plus intrépides compagnons, ceux qui, nés dans les montagnes, sont habitués à se jouer au milieu des précipices. Et tous, pendant une nuit obscure, s'accrochant aux buissons et aux anfractuosités du roc, ils montent à l'escalade du mont Capitolin. Cette fois, ils se gardent de chanter. Le plus profond silence s'étend sur toute la ligne. A les voir sur le flanc de l'abrupte colline, grimper dans l'ombre, les uns à la suite des autres, on eût dit un gigantesque serpent. Ils arrivent au pied de la forteresse. Aucun bruit n'a trahi leur présence. Les soldats romains sont endormis, les sentinelles elles-mêmes ont cédé au sommeil.

Une échelle est appliquée à la muraille. Un officier gaulois s'élance et atteint les créneaux des remparts. Un instant encore, et c'en est fait de Rome...

A quoi tiennent les destinées des empires? Ce fut alors qu'intervinrent, pour sauver par leurs cris d'épouvante la future maîtresse du monde, ces oies à jamais célèbres!... Elles étaient consacrées à Junon et nourries dans un temple voisin.

Réveillé à leur appel, Manlius se précipite sur les créneaux, perce de son épée le premier Gaulois qui se présente à lui. Ses soldats accourent. Une lutte affreuse s'engage au bord du gouffre. L'échelle qui soutient une grappe d'assiégeants est lancée dans l'espace. Les malheureux roulent et rebondissent sur le flanc de la montagne, heurtant et renversant leurs compagnons, frappés de stupeur.

Les oies ont sauvé le Capitole. Le brenn ordonne la retraite.

Le siége durait depuis sept mois; depuis sept mois les descendants de Bellovèze foulaient aux pieds les ruines de Rome. Cependant Camille resserrait chaque jour autour d'eux le cercle de ses opérations. Assiégés et assiégeants tout à la fois, ils se trouvaient en proie à un dénûment extrême. A la famine, vint se joindre la maladie, conséquence du défaut ou de l'insalubrité des aliments; à la maladie, la peste, engendrée par le nombre des morts. Ces farouches conquérants périssaient, exténués, sur leur conquête, dont leur imprévoyance avait fait un amas de décombres. Le brenn, néanmoins, persévérait à rester. Il savait que Manlius et ses soldats souffraient aussi d'une excessive pénurie, et il espérait que le mal qui décimait son camp lui livrerait à merci les défenseurs du Capitole. Mais ces derniers Romains étaient fermement résolus à se laisser mourir d'inanition dans l'enceinte sacrée, plutôt que d'en ouvrir les portes. A bout de ressources et d'expédients, pressé par les murmures de ses officiers, le brenn se décida enfin à entamer des négociations.

Un parlementaire fut envoyé à Manlius. On le reçut au pied des murailles de la forteresse. Le brenn demandait cent livres pesant d'or, l'abandon d'une portion du territoire romain, une certaine quantité de vivres, et un nombre déterminé de chariots pour transporter le butin de ses bandes, et, en outre, qu'en mémoire de l'entrée des Gaulois dans Rome, une porte de la ville, lorsqu'elle serait rebâtie, fût laissée toujours ouverte. A ces conditions, il offrait de se retirer. Manlius les rejeta d'abord avec hauteur, comme déshonorantes ; mais la République n'était plus que ruines, il finit par les accepter.

Le tribun Sulpicius fut chargé de porter aux vainqueurs le prix de la rançon de la ville. Il se présenta au camp des Gaulois, et étala sous leurs yeux le tribut de la victoire. Ceux-ci, sous le prétexte de vérification, mirent l'or dans une balance et voulurent le peser. Mais Sulpicius, les arrêtant, prétendit que les poids dont ils se servaient étaient faux, et réclama auprès du brenn. Impatienté de ces discussions, le fier capitaine, jetant alors, d'un geste hautain, son sabre dans la balance, prononça cette parole fameuse, fatale devise des partis victorieux : *Malheur aux vaincus !*

Tite-Live ajoute qu'à ce moment arriva Camille, lequel, renversant avec indignation les plateaux de la balance, en appela au fer de son épée de la délivrance de Rome. Mais cet incident est considéré comme une fable patriotique, imaginée par l'historien romain. « Les Gaulois, dit le Grec Strabon, sortirent de Rome, chargés d'argent et de butin ; ils furent attaqués en route et dépouillés par les Étrusques. » La vérité est que Camille, ne se regardant pas comme lié par la parole de Manlius, se jeta à la poursuite des envahisseurs, atteignit leur arrière-garde sur les bords mêmes de l'Allia, et en fit un affreux massacre, après un combat opiniâtre. Le principal corps de l'armée lui échappa, mais fut décimé, tout le long du chemin, par les attaques acharnées des habitants des villes, qui se soulevaient sur son passage, et que, trop chargé d'or et de dépouilles, il ne pouvait repousser efficacement.

Rome renaquit promptement de ses cendres. Trogue-Pompée, dont les ouvrages sont perdus, rapportait, d'après le témoignage de Justin, historien latin du IIe siècle, que Marseille s'était chargée de payer le lourd tribut imposé aux descendants de Romulus, et que ce service était devenu le trait d'union des deux Républiques.

Quoi qu'il en fût, la victoire tardive de Camille n'effaça pas de l'esprit des Romains l'impression de terreur profonde causée par cette désastreuse invasion. Le jour de la première bataille de l'Allia fut mis au nombre des jours néfastes. On créa un trésor inviolablement destiné à solder les frais des guerres suscitées par les formidables géants de la Gaule ; ces guerres furent déclarées *tumultes :* expression d'alarme suprême, et tous les hommes en état de combattre devaient y prendre part. On décerna à Manlius, sauveur du Capitole, le surnom de *Capitolinus*, et à Camille la qualification de *second fondateur* de Rome.

Élevé aux fonctions de dictateur, Camille s'occupa, en outre, de former les jeunes Romains en vue de ces guerres terribles. Ils durent se livrer à des exercices violents dans le Champ-de-Mars, et surtout à l'étude des adresses de l'escrime, afin de pouvoir lutter avec avantage contre les longs sabres gaulois. Il leur fit porter des casques de fer dont la trempe éprouvée résistait aux coups de la hache, et des boucliers revêtus de lames d'acier.

Ces précautions n'étaient pas superflues.

En effet, les envahisseurs avaient remporté de Rome de trop riches dépouilles, pour oublier le chemin de cette cité opulente. Si fiers que nous soyons des exploits de nos ancêtres, il faut bien convenir qu'ils ne s'armaient pas alors, incités par des motifs d'un ordre essentiellement sublime. Le pur amour de l'honneur, de chevaleresques idées de protection, doivent les guider plus tard aux entreprises les plus glorieuses. Mais à l'époque où nous en sommes, nés de la veille à la vie sociale, à peine sortis des forêts, ils faisaient encore la guerre comme les lions : pour vivre. La terre et ses produits, disaient-ils, appartiennent aux plus braves. Leur code se composait de cet article unique. Combattre, était pour eux un divertissement, et piller, un moyen d'existence.

Donc, six années ne s'étaient pas écoulées qu'une nouvelle armée gauloise parut à l'horizon de Rome. La ville sortait de ses ruines, comme d'un tombeau, où la haine d'un implacable ennemi l'aurait précipitée demi-morte. Elle frémit de terreur. Le *tumulte*, autrement dit le danger de la République, fut proclamé. Peuple et patriciens, hommes, jeunes gens et vieillards, tous ceux qui pouvaient tenir une épée ou lancer un javelot, coururent immédiatement aux armes. Les pontifes eux-mêmes, se dépouillant de la trabée, insigne de leurs fonctions sacrées, revêtirent la cuirasse, pendant que les dames romaines, non moins excitées, non moins ardentes que leurs maris et leurs fils, montaient des pierres et des matières combustibles sur les remparts, et dans leurs maisons, qu'elles se proposaient cette fois de défendre elles-mêmes.

Qui pourrait vaincre un peuple ainsi uni, et décidé à s'ensevelir sous les ruines de sa ville ?

Camille, se rendant aux vœux de ses concitoyens, prit, malgré son grand âge, le commandement de l'armée. Les Gaulois approchaient. Il marcha contre eux, les rencontra près d'Albe, et les attaqua aussitôt avec une impétuosité furieuse. La lutte fut opiniâtre et sanglante.

Les Romains, résolus à se faire tuer jusqu'au dernier, plutôt que de survivre à une nouvelle défaite, avançaient toujours, sans reculer d'un pas; et chacun d'eux, choisissant dans la foule ennemie un adversaire, s'attachait à lui, et ne le quittait qu'après l'avoir étendu sans vie, s'il n'en était lui-même frappé le premier. Grâce à cette tactique, inaccoutumée aux guerriers de la Gaule, mais que les provocations insultantes des Romains et leur propre fierté les incitaient à subir, le champ de bataille ressembla bientôt à une vaste arène, où cent mille hommes se seraient battus en duel. La trempe et la forme de leurs armes, la nature de leurs exercices depuis six années, rendaient les défenseurs de Rome supérieurs à leurs adversaires en ce genre de lutte. Aussi, en eurent-ils tué promptement un grand nombre.

Déjà, le désordre et le découragement pénétraient dans les rangs des envahisseurs, lorsqu'un jeune tribun, nommé Titus Manlius, s'attaqua à un chef gaulois dont la taille et l'aspect farouche avaient effrayé les plus braves, le transperça de son épée, et le fit rouler sur la poussière. Se précipitant aussitôt sur le vaincu expirant, Manlius lui enleva son collier d'or, et se para, aux yeux des deux armées, de ce trophée de victoire.

Cet exploit, qui lui mérita le surnom de *Torquatus* (porte-collier), surexcita au plus haut degré l'ardeur des Romains, qui fondirent irrésistiblement, en poussant des cris de joie furieuse, sur les Gaulois décimés et troublés. La fortune n'était plus incertaine. Camille triomphait de la fougue désordonnée des vainqueurs de Fabius. Le brenn abandonna le champ de bataille couvert des cadavres de ses soldats.

La défaite de l'Allia avait obtenu de sanglantes représailles.

L'armée victorieuse rentra dans Rome, après avoir pillé le camp ennemi et la contrée d'alentour. Car ce que nous avons dit des habitudes des Gaulois peut être appliqué à tous les peuples, et particulièrement aux Romains de cet âge. « Rome étant une ville sans commerce et presque sans arts, expose Montesquieu (*Considérations sur les causes de la grandeur des Romains*), le pillage était le seul moyen que les particuliers eussent pour s'enrichir. On avait donc mis de la discipline dans la manière de piller, et on y observait à peu près le même ordre qui se pratique aujourd'hui chez les petits Tartares. Le butin était mis en commun, et on le distribuait aux soldats... » Ainsi agissait-on chez les nations de la Gaule. Elles avaient la même manière de vivre et reconnaissaient les mêmes lois de justice internationale : la force. Toutefois, les Romains devaient arriver promptement à l'emporter sur elles ; ils marchaient unis et savaient se soumettre sous les armes à une discipline de fer ; chose qui parut impossible à obtenir du caractère des Gaulois, chez lesquels les clans formaient autant de petits peuples ayant leur gouvernement séparé, et qui ne se réunissaient qu'accidentellement, sans autre lien d'ailleurs, que celui que produit une communauté de dangers, dans les cas d'agression; ou dans les entreprises guerrières, le besoin d'agir par masses.

Après la victoire d'Albe, Rome sut intéresser à sa propre défense toutes les tribus latines. Provoquant la constitution d'une ligue, elle se les adjoignit comme auxiliaires dans la lutte que sa fortune l'appelait à soutenir contre les plus redoutables guerriers du monde barbare. Bien lui en prit, car l'ardeur des clans cisalpins était loin d'être domptée. Avant la fin de l'année, ils reparurent en armes sur le territoire de la République; mais celle-ci se tenait sur ses gardes; ils furent repoussés, d'abord par l'armée du dictateur Servilius Ahala, et peu après, par les légions de Sulpicius, qui les défit, non loin de Preneste. Dans ces luttes acharnées, et dont le résultat était toujours incertain, les défenseurs de Rome ne gagnaient que le champ de bataille. Devenus plus circonspects, les Gaulois ne se hasardaient plus avec la superbe et dédaigneuse imprudence des premiers temps. Ils avaient appris à respecter leurs adversaires. Mais la désunion et l'indiscipline leur réservaient d'irréparables désastres. Fortifiée par l'alliance des villes latines, Rome étendait ses armées jusqu'aux pieds des Apennins. Une nouvelle invasion, tentée en l'an 349 avant J.-C., devint pour elle l'occasion d'un double triomphe. Les Gaulois, rencontrés par les légions du consul Popilius, sur les confins de l'Étrurie, éprouvèrent une défaite sanglante, qui les contraignit à demander la paix.

Dans cette action, leur brenn avait perdu la vie. Et tel était encore le sentiment de terreur des Romains pour les guerriers de la Gaule qu'ils n'expliquaient leurs succès que par l'intervention de prodiges. Ainsi, on raconta que Valerius, le soldat vainqueur du brenn, avait eu pour second, dans cet exploit, un corbeau, lequel, se posant sur son casque, avait troublé le chef gaulois par le battement de ses ailes, et en lui frappant les yeux de son bec. D'où Valerius reçut le surnom de *Corvus* (corbeau).

C'était, d'ailleurs, entre les deux peuples une guerre mortelle. Il s'agissait de savoir qui, des Gaulois ou des Romains, dominerait en Italie. La paix avait été conclue pour cinquante années. On se fortifia de part et d'autre, et, avant l'expiration du délai fixé, la lutte recommença avec une inexprimable violence.

Suivis des Samnites (peuples des Abruzzes) et des Étrusques ralliés à leur cause, les héritiers de Bellovèze reprennent le chemin du Capitole. Près de Clusium, ils rencontrent une légion de la République, ils l'enveloppent et en font un épouvantable massacre ; pas un soldat romain ne survit. Ils poursuivent leur sanglante route, et bientôt ils se présentent devant d'autres légions, portant au bout de leurs piques les têtes de ceux qu'ils ont vaincus. Horribles trophées, dont la vue soulève une clameur d'indignation et de vengeance! La bataille s'engage, non loin de Sentinum (205 av. J.-C.). Mais Rome, qui dispose de plusieurs armées, a envoyé l'un de ses consuls ravager le pays des Étrusques, et ceux-ci, à la nouvelle du sac de leurs villes, ont abandonné leurs alliés.

Malgré cette défection, Gaulois et Samnites attaquent impétueusement les légions, les écrasent sous les roues de leurs chars de guerre. Tout plie, tombe, expire au choc de ces terribles guerriers. En vain, les légionnaires se rallient et se font tuer héroïquement sur la place. Leurs rangs sont rompus, brisés, décimés, leurs bataillons percés à jour par la trombe des géants de la Gaule, que tous les démons de la haine et le souvenir des échecs passés animent d'une irrésistible fureur.

Ce fut alors que, chassé du champ de bataille, le consul Decius prit la tête de sa réserve, et haranguant ces derniers soldats, seul espoir de l'armée perdue, appela solennellement sur lui-même la vengeance des Dieux irrités, déclarant s'offrir en sacrifice volontaire pour le salut de Rome aux Déités infernales.

Ces adjurations et ces sacrifices étaient compris des croyances religieuses des Romains.

Decius jette son épée, son casque, et s'élance à fond de train au milieu des bataillons ennemis. Percé de mille coups, il tombe en s'écriant:

— Les Dieux ont accepté mon sacrifice. Rome vaincra !

La réserve s'est ébranlée. Transportés d'exaltation, sûrs de vaincre, les soldats se précipitent au-devant des Gaulois. Rien n'arrête ces hommes fanatisés ; ils rompent à leur tour, à coups de sabre et de javelot, les rangs des envahisseurs. L'armée se rallie derrière eux, et la lutte recommence avec une ardeur égale des deux parts. Sur ces entrefaites, le consul Fabius, vainqueur d'un corps de Samnites, se replie sur les Gaulois, qui seuls soutiennent l'effort de la bataille, et les attaque par derrière. La roue de la fortune ne tarde pas à tourner. Exténués de lassitude, les Gaulois faiblissent, et poussés avec un redoublement de vigueur, ils se dispersent et abandonnent le terrain.

Le dévoûment du consul Decius a sauvé Rome.

Mais la guerre n'est pas terminée ; elle ne peut l'être que par l'anéantissement de l'un des deux peuples rivaux. Quelques années plus tard, la tribu des Senonais prend, sous les murs d'Arretium (Arezzo), une terrible revanche, par la défaite du consul Cecilius et le massacre de 13,000 Romains. Au bruit de ce succès, le sénat, épouvanté, appelle sous les drapeaux tous les citoyens en état de porter les armes — c'est la formule consacrée — et lance contre les agresseurs toutes ses forces à la fois. Trop peu nombreux pour résister isolément à la puissance déjà formidable de Rome, les Senonais sont battus et taillés en pièces, sur les bords du lac Vadimon. Le consul Dolabella, lancé à la poursuite des débris de leurs bandes, franchit les Apennins, tue ou chasse du pays tous les hommes, réduit les femmes et les enfants en servitude ; et la tribu senonaise déracinée de la Haute-Italie, il y établit deux colonies romaines : Sena et Ariminium (Rimini) sur les côtes de la mer Adriatique.

La Gaule cisalpine est entamée. Néanmoins, elle pourrait encore rejeter de son territoire ses ennemis victorieux. Mais il faudrait que toutes ses tribus s'entendissent pour agir avec ensemble. Rome a su coaliser contre elle vingt petits peuples, qui lui étaient personnellement hostiles. Formée de clans de même race, la Gaule ne pourrait-elle donc les réunir sous un même drapeau, à l'heure du danger? Les empiètements des colonies fondées par Dolabella l'irritent ; elle patiente toutefois, et prépare secrètement un terrible effort de délivrance.

Enfin l'orage éclate. Les Cisalpins appellent à les secourir leurs frères d'origine, les Gaulois restés sur le sol natal. Leurs cris de détresse sont entendus. Une armée innombrable descend des Alpes, sous les ordres des brenns Aneroste et Congolitan.

Frappée de terreur, Rome fait aussitôt proclamer le *tumulte* (le danger de la patrie) sur les places publiques et dans toutes les villes qui lui sont alliées. Les pontifes consultent les livres sibyllins, et répondent, au nom de ces livres, que les Gaulois doivent de nouveau prendre possession du territoire romain. Le peuple est au désespoir. Les augures imaginent alors un moyen de détourner la menace de ce funeste présage; moyen aussi humain qu'ingénieux d'ailleurs. On creuse, d'après leurs ordres, un trou profond dans l'enceinte même de la ville. Un Gaulois et une Gauloise sont amenés; on les descend vivants dans ce trou, sous les yeux de la population rassemblée, et on les recouvre de terre. L'oracle est ainsi satisfait : les Gaulois ont pris possession du sol de Rome. Rassuré par cette momerie barbare, le peuple court aux armes, et bientôt 300,000 soldats marchent au-devant des envahisseurs.

Aneroste et Congolitan ont franchi les Apennins et s'avancent comme l'ouragan à travers l'Italie épouvantée; déjà, ils ne sont plus qu'à trois journées du Capitole. Attaqués près de Fésules (Fiesoli), ils feignent l'effroi, et battent en retraite. Les Romains, enhardis, s'engagent à leur poursuite dans une forêt. Mais tout à coup les arbres de cette forêt, habilement sciés à l'avance et poussés à propos, tombent les uns sur les autres, écrasent les légions et leur ferment la retraite; une troupe de Gaulois cachés en embuscade fond en même temps sur elles avec furie, en faisant entendre des clameurs de mort, les enfonce, les disperse et leur tue 6,000 hommes. Chargés de dépouilles, les vainqueurs se lancent sur les traces des légionnaires en déroute. Ceux-ci sont ralliés par l'armée d'Émilius Pappus, qui accourt des bords de la mer Adriatique. Les brenns font tête à ce nouvel adversaire, quand arrive de Pise un troisième consul : Attilius, suivi d'une troisième armée.

Ils se retournent contre ce dernier venu, le surprennent près de Télamon par une agression subite et d'une foudroyante impétuosité. Chargé par la cavalerie gauloise, Attilius tombe mort à la tête de ses légions, qui plient sous le choc et reculent en semant le terrain de cadavres. Mais Émilius, délaissé, se jette au secours de son collègue, reprend spontanément l'offensive et attaque avec une ardeur furieuse un corps de Gœsates (montagnards des Alpes armés de *gais*, épieux), lesquels, voyant les Romains cuirassés de fer, et en témoignage de dédain, ont eu la bizarre idée de se dépouiller de leurs vêtements et combattent nus. Malgré les désavantages de ce costume primitif, les Gœsates résistent victorieusement à l'assaut des légionnaires. Mais un corps de cavalerie les prend en flanc, entame leurs bataillons et, aidé des cohortes des trois armées, en fait un carnage horrible : 40,000 jonchent la plaine. (226 av. J.-C.)

Ce désastre entraîne la perte de la bataille. Congolitan, couvert de blessures, est pris et chargé de chaînes avec 10,000 de ses braves. Aneroste, au désespoir, se transperce de son épée, ne voulant ni fuir ni se rendre ; à son exemple, ses officiers et une foule de soldats se donnent eux-mêmes la mort.

La puissance gauloise est anéantie en Italie.

Les Romains franchissent le Pô et envahissent le territoire des tribus décimées par la guerre. Celles-ci résistent encore, mais sans succès. Trois ans après la défaite de Télamon, les Insubriens (habitant le Milanais) unis aux Gœsates tentent de secouer la domination des vainqueurs ; ils sont défaits par le consul Flaminius et perdent 26,000 hommes. Exaspérés plutôt que découragés par cette effroyable perte, ils invoquent de nouveau le secours des brenns des Alpes. A leur appel, Virdumar descend en Italie suivi de 30,000 combattants. Il passe sur le corps à une légion romaine, traverse le Pô et va mettre le siége devant Clastidium (Schiatezzo). Mais arrive le consul Marcellus à la tête de nombreuses cohortes, et la bataille s'engage sous les murs de la ville (222 av. J.-C.). Ici encore les intrépides Gaulois commencent par prendre l'avantage. Rien ne résiste à l'impétuosité de leur premier choc. Les Romains faiblissent et reculent en présentant leurs épieux, sur lesquels s'émoussent les longs et mauvais sabres sans pointe des guerriers de la Gaule. Ils connaissent l'ennemi auquel ils ont affaire, et n'opposent à sa fougue frénétique, mais bientôt lassée, qu'une résistance passive. Comme d'ordinaire, les Gaulois, en les voyant plier, mêlent leurs rangs, emportés par la chaleur de l'action, et se précipitent sur eux en désordre.

C'est alors que le combat commence pour les Romains. Profitant de ce désordre, ils prennent vigoureusement l'offensive. Virdumar charge à la tête de ses cavaliers. Marcellus se jette au-devant de lui. La lutte s'engage entre les deux chefs. Virdumar porte au consul un furieux coup de sabre sur la tête, mais son arme se brise, et le casque de son adversaire n'est pas entamé. Il fonce alors sur lui, le saisit à bras le corps, et l'enlève de dessus son cheval, l'étreignant, comme un autre Antée, à lui briser la poitrine. Mais tout à coup sa tête se renverse sur son épaule et ses bras se détendent. Marcellus lui a plongé son épée dans la gorge. Vainqueur, il lui enlève son casque d'or, son armure d'acier ornée de pierreries et les voue à Jupiter-Férétrien. La mort de leur brenn jette la consternation dans les rangs des Gaulois, qui ne songent plus, les uns qu'à vendre chèrement leur vie, les autres qu'à quitter le champ de bataille. Les légionnaires les dispersent, les massacrent, et Rome, prenant définitivement possession du territoire, y fonde les colonies de Crémone et de Plaisance.

Cette première guerre de la rivalité des deux peuples avait duré cent trente-six ans.

Non moins habiles politiques que braves soldats, les Romains s'efforçaient de s'attacher par une grande tolérance les nations qu'ils avaient subjuguées. Ils montrèrent aux Cisalpins conquis beaucoup de ménagements, respectèrent leurs lois et leurs croyances, se bornant à exiger d'eux un léger tribut. Bientôt, ils les admirent dans leurs légions. Néanmoins, si doux que fût le joug, il était intolérable à la fierté gauloise. Aussi, quand Annibal apparut en Italie marchant sur Rome, à la tête d'une armée victorieuse, et qui se trouvait en partie composée d'indigènes de la Gaule, son arrivée fut saluée par les tribus soumises avec des acclamations d'enthousiasme.

On prit les armes. Les guerriers enrôlés dans les légions romaines désertèrent spontanément et vinrent se joindre aux troupes du général carthaginois, ennemi implacable de Rome. Aux batailles du Tésin, de la Trébie, de Trasimène et de Cannes, les Gaulois, combattant avec leur valeur accoutumée, vainquirent, guidés cette fois par un véritable homme de guerre.

A Trasimène, un chef insubrien (du Milanais) nommé Ducar, reconnaissant le consul Flaminius à la tête d'une légion, l'apostrophe avec violence, lui reproche le sac de sa ville, puis l'attaque, tue son écuyer, qui veut le protéger, et le transperce de sa lance en s'écriant :

— Sois immolé aux mânes des Gaulois !

A Cannes, ce furent les charges invincibles de la cavalerie gauloise qui consommèrent le désastre des dominateurs de l'Italie.

Ranimé par ces victoires, le sentiment de l'indépendance nationale survécut, chez les tribus cisalpines, à la défaite de Zama, où s'engloutit la fortune de Carthage et de son héroïque défenseur. Rome dut se remettre à conquérir ces fières ennemies, qui rejetaient sa domination. Ce fut l'œuvre de onze années de luttes sans trêve, marquées par le sac des villes et le massacre des populations. Certains clans se montrèrent indomptables et nécessitèrent l'emploi de toutes les forces de la République. Vaincus, dispersés, chassés mais non soumis, les Boïens, entre autres, repassèrent les Alpes, préférant l'expatriation à la honte de subir la loi des étrangers. Leurs généreux débris se réfugièrent d'abord en Illyrie, d'où ils furent repoussés par les Daces. Ils allèrent alors s'établir dans la contrée qui, de leur nom, avait pris celui de Bavière (Boïaria), en Germanie, où s'était arrêtée une partie de leur clan.

Dans ces guerres opiniâtres contre des peuples d'une énergie intrépide, les Romains avaient acquis une profonde connaissance de l'art militaire, une persévérance de courage que n'arrêtait aucun obstacle, qu'aucun danger n'étonnait ; ils s'étaient habitués à marcher sous le joug d'une discipline impitoyable, à ce point que l'on vit un de leurs consuls, Manlius, condamner à mort son propre fils pour avoir vaincu sans son ordre; grâce, en outre, à l'unité d'action qui présidait à leurs entreprises, ils étaient devenus invincibles. Le pillage avait cessé depuis longtemps d'être pour les légionnaires un élément de fortune; ils recevaient une paie.

Vainqueurs de l'Italie, soutenus par un gouvernement aventureux et avide de triomphes, ils ne tardèrent pas à venir attaquer, dans leur foyer natal, les Gaulois toujours divisés et n'ayant fait, sous tous les rapports, que d'insensibles progrès. Avant de les suivre dans cette campagne où, malgré leur désunion, les habitants de la Gaule se montrèrent si terribles, si brillants de valeur sauvage, si formidables de dévouement et de patriotisme, que la conquête de leurs pauvres bourgades a seule suffi à rendre immortel le nom de César, nous dirons un mot du sort des émigrants entraînés sur les pas de Sigovèze.

Les bandes de ce brenn, parties de la Gaule en même temps que celles de Bellovèze, étaient arrivées jusqu'en Macédoine, tout en ayant semé sur leur passage de nombreuses colonies. Elles se composaient également de tribus ou de parties de tribus comprenant des familles entières, hommes, femmes et enfants. Non moins belliqueuses que leurs sœurs d'Italie, elles n'avaient pas percé à jour ce long espace de peuples, des bords du Rhin aux rives du Strymon, (Iemboli), sans livrer de sanglants combats.

En Macédoine, elles se heurtèrent tout d'abord contre les phalanges célèbres qui avaient élevé si haut la gloire d'Alexandre le Grand. Ce prince était mort, et Lysimaque, l'un de ses successeurs, venait de tomber du trône atteint par le poignard de Ptolemée Keraunos. Les Gaulois marchèrent contre cet usurpateur, moins pour venger Lysimaque, dont il est vraisemblable qu'ils se souciaient médiocrement, que dans l'espoir de prendre leur part du royal héritage que se disputaient les généraux du vainqueur de Darius. Ptolemée les reçut à la tête de son armée.

Mais il fut aussitôt frappé comme d'un coup de tonnerre. Au premier choc des guerriers de la Gaule, la redoutable phalange macédonienne est rompue, enfoncée, taillée en pièces ; Ptolemée lui-même, jeté à bas de son éléphant, est percé de coups, et sa tête, fichée au bout d'une lance, est portée au premier rang des cavaliers qui poursuivent les fuyards.

Arrêtés un moment par Sosthènes, un autre des généraux d'Alexandre, qui tue leur brenn de sa main, les Gaulois inondent la Grèce, la ravagent et l'épouvantent autant par leur indomptable audace que par leur taille gigantesque, leurs cris de bêtes fauves et l'aspect farouche de leur accoutrement de guerre. Des tribus de Belges Tectosages, après avoir traversé la Gaule, fondé Tolosa (Toulouse), et suivi leurs traces, viennent se joindre à eux et porter leur nombre à 240,000 combattants. Il n'est pas en Orient de puissance capable de contrarier l'élan d'une pareille armée. Ils se précipitent sur la Macédoine, impatients de venger l'échec qu'ils y ont subi, retrouvent l'intrépide Sosthènes et ses phalanges, les écrasent sous le poids de leur attaque comme le grain sous la meule, et conquièrent tout le royaume d'Alexandre.

Toutefois, après la victoire, la discorde éclate dans les rangs des vainqueurs. Ils se divisent. Les uns restent dans la Mésie (Servie et Bulgarie). Les autres entrent en Thessalie (Jannina), dont ils incendient et détruisent les cités, dispersent les habitants et pillent les temples.

— Les Dieux, disent ces nouveaux Titans, nous doivent des tributs aussi bien que les hommes !

Le fléau dévastateur franchit ensuite le passage des Thermopyles, que protégent en vain l'ombre de Léonidas et l'héroïque résistance des Étoliens, et pénètre dans la Phocide, où se trouve le fameux temple de Delphes. Quoique peu versés dans la connaissance des habitudes religieuses de la Grèce, les envahisseurs n'ignorent pas que ce temple renferme les trésors de plusieurs générations de dévots au culte d'Apollon. C'est l'appât qui les amène. Ils l'assiégent avec une impétuosité d'affamés, et l'emportent en dépit des efforts des Phocidiens.

Mais le ciel s'est obscurci de nuages, et tout à coup une effroyable tempête mêlée de tonnerres et d'éclairs ébranle le Parnasse, base du temple profané ; les arbres sont brisés par la violence de l'ouragan, des quartiers de rocs, détachés de la crête de la montagne, roulent avec un horrible fracas sur l'armée victorieuse. Exaltés par cet événement, dans lequel ils voient un secours manifeste des Dieux, les Phocidiens ressaisissent leurs armes, et se précipitant sur les pillards chargés de dépouilles, ils les attaquent avec énergie. Ébranlés déjà par le tumulte de l'orage et le bruit de la foudre, les Gaulois, à cette attaque inattendue, sont saisis d'une terreur panique; ils se laissent tuer presque sans résistance ou s'enfuient éperdus en abandonnant leur butin. Cependant leur brenn, véritable Ajax que la colère des Dieux ne saurait épouvanter, tient tête à l'ennemi. Percé de flèches, il est entraîné par ses officiers. Il ordonne alors d'achever tous les blessés étendus sur le champ de bataille, et cet ordre exécuté, il se poignarde lui-même, ne voulant pas survivre à une pareille défaite.

Les débris de ces bandes, harcelés sans relâche le long du chemin par les populations soulevées, décimés, manquant de tout, rejoignent dans le plus pitoyable état le corps d'armée resté en Mésie.

Ralliés sous le sceptre d'Antigone, les Macédoniens ont écarté sans trop de difficultés les flots errants de l'invasion gauloise. Mais, avides de combats et de butin, turbulents, versatiles, incapables de se fixer, les guerriers occidentaux sont un danger permanent pour les peuples qui les entourent.

Antigone cherche à se les concilier, car il redoute leur audace aventureuse. Compagnon d'Alexandre, il était présent quand les députés des premières émigrations, admis devant ce prince qui croyait les effrayer par l'appareil de ses victoires, lui firent cette réponse nationale : « Le Gaulois ne craint rien, si ce n'est la chute du ciel ! » Le roi de Macédoine voudrait les engager dans ses armées ; toutefois, il commet l'imprudence de montrer ses trésors en signe de confiance et de bonne amitié à leurs ambassadeurs. Ceux-ci rapportent ce qu'ils ont vu à la nation nomade. Aussitôt une expédition de pillage est projetée. Averti à temps, Antigone rassemble ses troupes. Les bandes s'avancent contre lui. Il recule comme intimidé en abandonnant son camp et ses bagages. Vainqueurs sans combat, les guerriers s'emparent joyeusement de ces dépouilles si facilement conquises, et célèbrent, selon leur habitude, la défaite de leurs adversaires par une orgie sauvage. C'est ce qu'a prévu Antigone. Il revient avec son armée, enveloppe le camp; les misérables sont ivres, incapables de se défendre; les Macédoniens n'ont qu'à frapper. Ils couvrent la plaine de morts. Ceux qui échappent à leurs coups demandent la paix, et sont attachés comme auxiliaires à ces phalanges dégénérées qui cherchent la victoire, non plus dans leur courage, mais dans la ruse.

Mal secondés lors de la lutte d'Antigone contre Pyrrhus, les bataillons gaulois éprouvèrent un échec. Et le roi d'Épire, fier d'avoir vaincu ces guerriers qui faisaient trembler l'Orient au bruit de leurs pas, consacra à Minerve un trophée de leurs armes avec cette inscription :

« Pyrrhus, ayant défait les indomptables Gaulois en bataille rangée, dédie à Minerve les boucliers qu'il leur a pris. Qui pourrait s'étonner qu'il les ait vaincus, le courage n'est-il pas héréditaire dans la famille des Éacides?... »

Vers cette époque, d'autres hordes venues de la Gaule pénétrèrent en Asie-Mineure, appelées par Nicomède, prince de Bythinie, qui disputait le trône à son frère. Mais, vainqueur, grâce à leur concours, Nicomède après la victoire tenta vainement de les congédier. Elles s'établirent malgré lui dans ses États, et y fondèrent une importante colonie : la Gallo-Grèce ou Galatie. (Anatolie et Caramanie.)

Turbulents et belliqueux comme tous les membres de la famille gauloise, les guerriers galates agitèrent l'Asie et soumirent à des tributs les rois et princes compris dans le rayon de leurs courses aventureuses. Ils restèrent les véritables et seuls arbitres de la contrée jusqu'à l'arrivée des Romains, car il était dit que cette vaillante race des Gaules ne devait le céder sur tous les points qu'à ce peuple prédestiné avant elle à dominer le monde.

Maîtresses de l'Italie, victorieuses de Carthage, conquérantes de la Grèce et de la Macédoine, les légions romaines étaient passées sur le territoire asiatique sous le prétexte de protéger Eumène, roi de Pergame, contre l'oppression des Galates. Une bataille eut lieu, acharnée et sanglante. Mais les Galates, vaincus par l'habileté du consul Manlius et l'intrépidité froide du soldat romain, ne furent pas subjugués; ils ne reconnurent la domination de Rome que sous Auguste. Polybe raconte que, pendant cette guerre, une femme gauloise nommée Chiomara, prisonnière des vainqueurs, et tombée en partage à un centurion, ayant été outragée par cet homme, lui trancha la tête et, traversant le camp romain à la faveur des ténèbres, rapporta à son mari le sanglant trophée de sa vengeance. Un des derniers rois de la Galatie, Dejotarus, allié puis adversaire de Mithridate, le combattit avec honneur, et dépouillé de son trône par César, y fut rétabli grâce à l'éloquence de Cicéron.

D'autres colonies gauloises, les Scordiskes et les Tauriskes, occupant une partie de la Thrace, de la Pannonie et de l'Illyrie (Roumélie, Autriche, Hongrie et Dalmatie), défendirent également avec une infatigable intrépidité leur indépendance contre le génie dominateur de Rome, et ne se soumirent jamais qu'imparfaitement à ses lois.

Maintenant que nous connaissons le sort de ces aventureux essaims qui portèrent dans toute l'Europe et jusqu'en Asie le renom de la Gaule, nous retournerons à la mère patrie, où se préparent les plus graves événements.

Dans la lutte gigantesque que le caractère de ses institutions la portait à soutenir contre les peuples, la République romaine avait eu partout à combattre les Gaulois, soit comme nation, soit comme alliés de ses adversaires. En Italie, en Afrique, en Grèce, en Asie, dans toutes les contrées, sur tous les continents, les deux peuples rivaux s'étaient heurtés le sabre en main, et avaient mêlé leur sang sur les champs de bataille. Aussi existait-il entre eux une haine vive, dont les éclats n'étaient modérés que par la crainte réciproque qu'ils s'inspiraient.

Arrivée aux pieds des Alpes, victorieuse de la race qui avait écrasé sous ses pas ses monuments renversés, Rome s'était arrêtée, redoutant d'aller réveiller le lion qui sommeillait de l'autre côté de la montagne. La conquête du vieux monde lui avait paru une entreprise moins dangereuse. Mais ce monde soumis à ses proconsuls, comme la lutte était dans les conditions de l'existence de son gouvernement, lequel, ne comprenant que la gloire des armes, devait périr le jour où il n'aurait plus de peuples à vaincre, la guerre contre la Gaule avait été résolue. Toutefois, pour cette guerre, il fallait un prétexte, ce fut Marseille qui le lui fournit.

Les proscrits phocéens, accueillis sur le territoire gaulois, avaient importé, outre l'olivier et la vigne, les errements d'une civilisation avancée. Il est incontestable que leur exemple eut à la longue un grand empire sur les habitudes des populations du Midi. Néanmoins, soit que la cité grecque se montrât dans le principe quelque peu dédaigneuse des peuplades sauvages qui l'avoisinaient, soit que le caractère belliqueux de celles-ci fût rétif aux relations d'urbanité, il n'existait encore entre elles, à l'époque où nous en sommes (155 av. J.-C.) aucune sorte de lien. Établie sur le sol de la Gaule, Marseille était restée une étrangère pour les Gaulois, presque une ennemie. En butte aux fréquentes agressions de quelques petites tribus pillardes des bords de la mer, les Oxybiens et les Deciates (habitant les territoires de Cannes et d'Antibes), elle n'hésita pas à accepter ou à solliciter le secours des Romains, avec lesquels elle était depuis longtemps liée d'intérêts et de préférences.

La porte de la Gaule ouverte par son imprudente animosité, les insatiables conquérants arrivèrent. A la tête de quelques légions, le consul Opimius défit sans peine les guerriers des deux pauvres tribus signalées à sa vengeance, et les expulsa de leur territoire, dont il gratifia les Marseillais, ses alliés. Là malheureusement ne devait pas s'arrêter l'intervention étrangère. Quelques années plus tard, un autre consul, Sextius, combattit, toujours à la sollicitation de Marseille, les Salyens, cette peuplade dont les ancêtres avaient accueilli les proscrits de Phocée, les dépouilla de leurs terres, mais cette fois au profit de la République, et y fonda la ville d'Aquæ Sextiæ (Aix, en Provence), au bord de sources d'eaux minérales fameuses.

Aix fut donc le premier établissement des Romains dans la Gaule, le point de départ de cette vaste conquête qui devait ensanglanter le sol pendant tant d'années. De ce point, il fut possible aux consuls d'étudier les mœurs et les forces des Gaulois, de se préparer des intelligences parmi les tribus, d'exciter des rivalités ou de faire naître des jalousies entre les chefs, d'acheter la neutralité des uns et l'alliance des autres, pour l'asservissement de tous.

Après la défaite de ses guerriers, le chef salyen nommé Teutomal s'était réfugié chez les Allobroges. (Ils habitaient le pays renfermant le canton de Genève, le N.-O. de la Savoie, le Dauphiné, une partie du Languedoc et de la Bourgogne.) C'était un des peuples les plus puissants de la vieille Gaule. Le consul Domitius, succédant à Sextius, réclama l'extradition du proscrit. Les Allobroges coururent aux armes, et, décidés à protéger leur hôte contre les redoutables vengeances des étrangers, ils invoquèrent l'appui des Arverniens (montagnards de l'Auvergne). Dans ces guerres, les consuls se montraient, en effet, d'une barbarie d'autant plus grande qu'ils craignaient plus l'adversaire en face duquel ils se posaient. Ils avaient réduit en servitude les survivants de la malheureuse tribu salyenne. Toutes les armes leur étaient bonnes ; on les voyait solliciter les passions les plus viles. Un Gaulois du nom de Craton, ayant prouvé qu'il avait trahi ses compatriotes, Sextius brisa ses chaînes, et en récompense de son infamie, il lui attribua neuf cents des prisonniers, qu'il put vendre à son profit. Domitius, par l'entremise des Marseillais, s'était allié aux Éduens. (Ils occupaient le territoire du Nivernais, du Bourbonnais, d'une partie de la Bourgogne et du Lyonnais, avec Autun pour capitale.) Ses légions réunies à l'armée marseillaise et aux bandes de cette tribu scissionnaire, il se disposa à prendre l'offensive. Les Allobroges ne lui en laissèrent pas le temps. Sans attendre les Arverniens, ils marchèrent imprudemment au-devant de l'ennemi, qu'ils rencontrèrent dans la plaine de Vindalie (près d'Avignon). Mais les plus énergiques efforts du courage ne purent les sauver d'un désastre horrible : 20,000 des leurs restèrent sur le terrain.

Déjà cependant le chef de la nation des Arvernes, Biteuth, guerrier non moins riche d'or que de vaillance, s'était mis en route à la tête d'une innombrable armée, environ 200,000 hommes, venus se ranger sous son commandement de tous les points de la Gaule. Cette multitude était suivie d'une immense meute de chiens, dressés au combat, dont les aboiements, mêlés aux cris des milices, formaient un épouvantable concert.

La nouvelle de la défaite des Allobroges, loin de décourager l'intrépide Biteuth, lui fit hâter sa marche.

Rejoint par le consul Fabius Maximus, Domitius avait pris position sur les bords du Rhône. Les Arverniens traversèrent ce fleuve sur deux ponts de bateaux, et Biteuth, après avoir rangé ses troupes vis-à-vis de l'ennemi, en parcourut les rangs, monté sur un char d'argent.

Il était revêtu d'un costume resplendissant et d'aspect héroïque. Un casque d'or fait en forme de mufle de bête sauvage, surmonté de cornes d'aurochs et de panaches flottants, lui couvrait la tête. Sa cuirasse, d'acier poli, rayonnait aux feux du soleil levant, une tunique de pourpre à plis serrés lui descendait jusqu'aux genoux. Il tenait à la main le long sabre gaulois dont l'étui de fer, suspendu à son épaule par un large baudrier, retentissait à chacun de ses mouvements. La splendeur de ce vêtement guerrier était encore rehaussée par la taille gigantesque et l'air de noblesse farouche du chef des Arvernes. Une épaisse moustache rouge lui séparait la figure, et de dessous son casque s'échappaient les longues tresses de ses cheveux de même couleur.

L'inspection terminée, Biteuth se plaça devant le front de bataille de son armée, et jetant un regard de dédain sur les légions romaines, qui, pressées les unes contre les autres, n'occupaient qu'un étroit espace de terrain :

— Sont-ce là les Romains? dit-il à ses officiers. C'est à peine un repas de mes chiens !

Bientôt les deux armées s'entre-choquèrent avec un bruit horrible de clameurs furibondes. La masse des guerriers gaulois, se précipitant en bloc sur les lignes ennemies, les fit plier. Malheureusement, si les chefs arverniens étaient couverts d'acier, les simples soldats n'avaient encore pour toute arme défensive que leurs misérables boucliers d'osier, et ces boucliers, criblés dès la première décharge par les dards des légionnaires, leur devinrent inutiles. Ils les rejetèrent et combattirent nus. En outre, les Romains étaient, eux aussi, revêtus de métal, et les mauvaises lames des sabres de leurs adversaires s'ébréchaient ou se brisaient sans les atteindre sur l'airain de leurs cuirasses.

La valeur des guerriers gaulois triomphait néanmoins de ces désavantages. On les voyait arracher de leur poitrine ensanglantée les flèches romaines, et les renvoyer à ceux qui les leur avaient lancées; d'autres, abandonnant leurs armes brisées, couraient dans la mêlée et terrassaient à bras le corps les légionnaires, dont ils massacraient le visage sous leurs pieds furieux.

A la tête des chars de guerre, Biteuth a culbuté la cavalerie ennemie; il se retourne sur le corps des fantassins; mais tout à coup les légions s'ouvrent, et laissent passage à une troupe d'éléphants armés pour le combat. A l'aspect de ces étranges et monstrueux animaux qu'ils voient pour la première fois, les guerriers arverniens hésitent. La troupe des monstres se précipite au milieu d'eux; ils reculent, se dispersent et s'enfuient saisis d'épouvante. Les Romains les poursuivent et les attaquent avec acharnement. Les fuyards se jettent sur les ponts de bateaux, mais ces ponts mal construits s'écroulent; ils tombent dans le fleuve et y trouvent la mort.

Cette armée si formidable est détruite; 100,000 guerriers jonchent le terrain ou sont emportés par les eaux du Rhône.

Le malheureux Biteuth, échappé au carnage, se rend le lendemain, dans l'espoir d'obtenir la paix, à une conférence sollicitée par Domitius. Mais le perfide consul le retient prisonnier, et l'entraîne bientôt à Rome, où il le fait représenter, dans le triomphe que lui décerne le sénat, monté sur son char d'argent et revêtu de son éclatante armure.

Le roi des Arverniens finit ses tristes jours à Albe, dans la captivité.

A la suite de cette victoire, les légions envahirent les terres des Allobroges. Les contrées nommées plus tard la Provence, le Dauphiné et la Savoie furent réduites en provinces romaines. Le consul Martius y fonda la ville de Narbonne (Narbo-Martius), d'où le pays reçut le nom de Gaule Narbonnaise. (118 av. J.-C.)

Cependant, au bruit de la déroute des Arverniens et de l'envahissement du territoire, les Gaulois avaient tressailli d'exaspération et d'ardeur de vengeance. On s'arma de toutes parts, on forma d'étroites confédérations. Forte de son habileté politique et de l'incontestable supériorité de ses armées, Rome se préparait de son côté à soutenir la lutte, lorsqu'un foudroyant orage, éclatant tout à coup sur ses provinces, l'obligea de songer non plus à conquérir, mais à se défendre.

Chassée des rivages de la mer du Nord (Jutland, Sleswig, Holstein) par un tremblement de terre suivi d'une invasion des eaux, une innombrable population s'était précipitée tout effarée sur le Midi, en longeant les bords de l'Elbe. Cette population appartenait à la race puissante des Kimris (Cimbres) dont nous avons eu précédemment occasion de parler. Entraînant dans le torrent de sa fuite la nation des Teutons (habitant les îles du Danemark), elle arriva sur la frontière du pays des Scordiskes. Mais, invinciblement repoussés par ces colons des Gaules, Teutons et Kimris refluèrent sur l'Helvétie (la Suisse). Plusieurs tribus helvètes, loin de s'armer contre les redoutables émigrants, les accueillirent, et, abandonnant leur territoire, se joignirent à eux.

Cela forma une horde montant au nombre effrayant d'environ 1,500,000 individus.

Ce déluge de créatures affamées et avides de pillage fondit sur la province Narbonnaise.

En vain le consul Carbon lui oppose ses légions, il est exterminé avec elles. La horde pille et détruit les villes, ravage les campagnes et fait de la contrée la plus florissante des Gaules un vaste cimetière. Elle remonte ensuite le cours du Rhône, semant sur son passage la ruine, l'incendie et la mort. Les habitants des villages, saisis de terreur, se dispersent et s'enfuient à l'approche du fléau, ceux des villes s'enferment dans leurs remparts. Mais, arrivés sur la frontière belge (la Belgique comprenait alors tout le nord de la Gaule, depuis la Seine et la Marne), les Kimris-Teutons s'arrêtent; la vaillante nation des Belges s'est levée tout entière au bruit de leurs dévastations, et devant eux s'étend une muraille de piques. Ils hésitent, reculent et entrent en négociations. Les Belges consentent à leur céder la bourgade d'Atuat (Namur), située au milieu de rochers, sorte de place forte naturelle où ils déposent les fruits du pillage des contrées qu'ils ont traversées.

Ce dépôt fait, ils redescendent vers la province romaine, rencontrent les consuls Silanus, Scaurus et Cassius, taillent en pièces leurs légions, assiégent Toulouse, que défendent inutilement deux autres consuls : Cepion et Maulius, et sous les murs de cette ville, une des cités saintes de la Gaule, ils trouvent enfoui dans des marais un trésor évalué, par l'historien Posidonius, à la somme de 40 millions; ils le pillent.

Ce trésor, déjà Cepion s'en était emparé à son profit, malgré les murmures des Romains. Échappé au massacre de son armée, le rapace consul se retira en Asie, où il mourut bientôt dans l'abandon et la misère, d'où le fameux proverbe contemporain : *l'or de Toulouse*, or funeste et qui porte malheur.

N'ayant plus rien à combattre ou à détruire dans la province dont ils ont fait un désert, les Kimris-Teutons agitent la question de marcher sur Rome.

Scaurus, resté leur prisonnier, est interrogé sur les forces de la République.

— Ma patrie est invincible, répond le fier Romain. Tremblez, car elle vous demandera un compte terrible du sang que vous avez répandu.

— Qu'elle vienne donc aussi nous demander compte de ton sang, réplique le farouche Boïo-Righ, chef des Kimris, en passant son épée au travers du corps de Scaurus. Ta patrie est un repaire de brigands que nous avons juré d'anéantir.

Si le reproche était mérité, et il l'était bien un peu, on ne saurait le considérer dans la bouche du chef des ravageurs de la Gaule que comme un témoignage de la conscience humaine. Telle était, du reste, la haine de ces Barbares contre le nom romain, que des légions exterminées, ils ne laissèrent échapper que dix soldats, chargés de porter à Rome la nouvelle des désastres de ses consuls ; qu'ils livrèrent en outre aux flammes ou jetèrent dans les eaux du Rhône tous les objets trouvés dans les camps consulaires, satisfaits d'avoir vaincu, et ne voulant pas s'enrichir des dépouilles d'un peuple abhorré, que dans leur ressentiment ils avaient voué tout entier aux Dieux de la mort.

Au bruit des menaces de ces sauvages ennemis, du massacre impitoyable de ses armées, Rome tremblait. Déjà, il lui semblait voir fondre sur elle le torrent dévastateur. Le sénat proclama le danger de la patrie, rassembla sous les aigles tous les hommes en état de combattre, rappela les troupes dispersées sur tous les continents, manda Marius, qui se trouvait alors en Afrique, le nomma consul et lui confia la redoutable tâche de sauver la République.

Marius était à la hauteur de cette mission.

Il partit de Rome à la tête de quelques légions, environ 30,000 hommes, et vint asseoir audacieusement son camp sous les murs d'Arles. Les Barbares erraient encore dans la Gaule Narbonnaise ; une partie d'entre eux (les Kimris) s'était élancée au pillage de l'Espagne. Enfin les Teutons, se décidant à passer en Italie, traversèrent le Rhône, et allèrent offrir la bataille à Marius. Enfermé dans son camp retranché, le consul ne répondit pas à leurs provocations. Il avait défendu à ses soldats d'y répondre sous peine de mort. Les Teutons, attribuant à la peur l'immobilité silencieuse des Romains, défilèrent devant le camp. (102 av. J.-C.)

— C'est à Rome que nous allons, s'écriaient-ils ironiquement. N'avez-vous rien à faire dire à vos femmes ?

Le défilé dura deux longs jours. Les dernières bandes passées, Marius sortit de ses retranchements et se jeta sur leurs traces. Il les atteignit près d'Aix. Les légionnaires étaient épuisés de fatigue. Ils avaient marché sous un soleil brûlant, et se plaignaient de la soif ; les lignes ennemies couvraient la rivière du Cœnus (l'Arcq.)

— Voyez cette eau, dit Marius en montrant la rivière, qui veut boire doit la payer avec du sang.

Aussitôt l'avant-garde se précipite sur les Teutons, lesquels, ne s'attendant pas à une attaque si soudaine, sont dispersés et sans armes. En vain ils cherchent à se rallier. Le choc des légionnaires est irrésistible ; ils sont culbutés dans l'Arcq, dont les eaux se rougissent de sang. Les Romains s'emparent du cours de la rivière, s'abreuvent et se replient en ordre. C'était le soir. L'obscurité mit fin à cet engagement impromptu, prologue d'une bataille où devaient se décider les destinées de Rome.

Durant la nuit, les Barbares allumèrent des feux, et allèrent ramasser leurs morts. « Ils jetaient, raconte Plutarque (*vie de Marius*) des cris affreux qui ne ressemblaient point à des clameurs ou à des gémissements d'hommes, mais qu'on eût pris pour des hurlements ou des mugissements de bêtes féroces, mêlés de menaces et de lamentations, et qui, poussés en même temps par cette quantité innombrable de Barbares, faisaient retentir les échos des montagnes environnantes et de tout le canal du fleuve. Toute la plaine mugissait de ce bruit épouvantable. Le cœur des Romains en était saisi de crainte, et Marius lui-même frappé de stupéfaction. »

Les Teutons cependant ne se hâtèrent pas d'attaquer. Les deux armées se tinrent immobiles tout le jour suivant. Mais le lendemain Marius sortit de son camp et offrit la bataille ; elle fut acceptée.

Au signal, l'ennemi franchit la rivière d'Arcq, et se rua sur les défenseurs de Rome, dont les légions revêtues de fer et serrées les unes contre les autres se présentaient de tous les côtés hérissées de lances. A chaque assaut, des nuées de dards et de flèches partaient en outre des rangs des légionnaires et allaient décimer les bandes désordonnées des assaillants, qui, furieux de ne pouvoir entamer ces forteresses vivantes, se précipitaient à fond de train sur le fer des piques.

Déjà le front de bataille de Marius était couvert d'un rempart de cadavres, quand tout à coup plusieurs cohortes débouchent de ravins boisés où elles étaient allées s'embusquer, et tombent comme la foudre sur les derrières des Teutons en faisant retentir l'air de cris immenses. En même temps, les légions s'ébranlent et prennent vigoureusement l'offensive. Les Barbares sont enveloppés. Troublés, éperdus, ils jettent leurs armes et cherchent à fuir.

Les légionnaires en font un carnage effroyable, et poursuivent les fuyards jusqu'au seuil de leur camp.

De derrière les chariots qui forment l'enceinte de ce refuge sortent alors avec impétuosité les femmes des Teutons. Ces étranges adversaires sont armées de couteaux, de haches, de sabres, et s'avancent en frappant indistinctement et leurs maris et l'ennemi. Les Romains s'arrêtent stupéfaits. Mais, assaillis avec rage, ils repoussent la force par la force. Obligées de reculer, les femmes se retranchent à l'abri des chariots, qu'elles défendent avec une opiniâtreté désespérée. Puis, leur asile forcé, les unes se jettent au-devant des légionnaires, en tenant par les pieds leurs enfants dont elles se servent comme de massues, frappant de droite et de gauche, jusqu'à ce que des misérables créatures, brisées et mises en pièces, il ne reste plus entre leurs mains qu'un lambeau informe et sanglant; d'autres étranglent, égorgent ou pendent les leurs à l'écart, et se poignardent ensuite elles-mêmes, ne voulant ni survivre à la défaite de leur nation, ni laisser pour l'esclavage aucun des membres de leurs tristes familles. Héroïsme sauvage qui étonne et effraie les vainqueurs !

Trois cent mille Barbares, dit Tite-Live, périrent dans cette journée. Le champ de bataille, engraissé pour de longues années de ce tribut de la victoire, reçut le nom de *Campi-Putridi* (Champs-Pourris, Pourrières en Provence). Marius y fit ériger une pyramide commémorative.

Cependant Rome n'était pas encore délivrée.

Les Kimris, revenus de leur expédition d'Espagne, avaient suivi une autre route que les Teutons et franchi les Alpes. Ils marchaient à l'attaque du Capitole, à travers l'Italie saccagée. Arrivés sur les bords du Pô, ils s'arrêtèrent pour attendre les bandes de leurs compagnons d'aventure. Mais à leur place, ils virent paraître les légions romaines. Surpris et effrayés, ils envoyèrent à Marius des ambassadeurs chargés de demander des terres en Italie pour eux et *leurs frères* les Teutons.

— Vos frères ont des terres pour l'éternité, répondit le consul. Ne vous en inquiétez pas.

Il avait emmené avec lui quelques-uns des chefs du peuple vaincu. Instruits par eux de la destruction des hordes teutoniques, les Kimris, exaspérés, se préparèrent au combat. Les deux armées se rencontrèrent d'un commun accord dans les plaines de Verceil à trois lieues de Milan.

Les cavaliers barbares avaient la tête couverte « de casques en forme de gueules béantes et de mufles de toutes sortes de bêtes étranges et épouvantables. Rehaussés par des panaches semblables à des ailes et d'une hauteur prodigieuse, ces casques les faisaient paraître encore plus grands. Ils étaient revêtus de cuirasses de fer très brillantes et portaient des boucliers tout blancs. » (Plutarque.) Afin de s'ôter toute possibilité de fuir, les fantassins des premiers rangs s'étaient attachés les uns aux autres par des cordes.

La lutte fut affreuse. On se massacra durant tout un jour avec une infatigable énergie. Cependant, ici encore, le génie de la discipline romaine triompha de la fougue vagabonde des Barbares. Ceux-ci se brisèrent, comme avaient fait les Teutons, contre l'immobilité puissante des légions d'airain. Ils ne demandaient pas de pitié et n'en obtinrent pas. Leurs bandes furent exterminées. Mais à l'attaque du camp d'horribles scènes se renouvelèrent.

« Là, rapporte encore Plutarque, dans la belle description de cette bataille, on vit les choses du monde les plus tragiques et les plus effrayantes. Les femmes, vêtues de robes noires, étaient sur des chariots, et tuant les fuyards, les unes leurs maris, les autres leurs frères, celles-là leurs pères, celles-ci leurs fils ; et prenant leurs petits enfants, elles les étouffaient de leurs propres mains et les jetaient sous les roues des chariots et sous les pieds des chevaux, et se tuaient ensuite elles-mêmes. On dit qu'il y en eut une qui se pendit au bout de son timon après avoir attaché par le cou à ses deux pieds deux de ses enfants, l'un de çà l'autre de là. Les hommes, faute d'arbres pour se pendre, se mettaient au cou un nœud coulant qu'ils attachaient aux cornes ou aux jambes des bœufs, et piquant ces bêtes pour les faire marcher, ils périssaient misérablement ou étranglés ou foulés aux pieds.. »

La République, sauvée enfin, décerna à Marius le titre de *troisième fondateur* de Rome. On se souvient que Camille, vainqueur des descendants de Bellovèze, en avait été proclamé le second.

Au sortir de ces orages, la Gaule, dépeuplée, ruinée et affaiblie par la perte de ses provinces méridionales, jouit durant quarante années d'une sorte de tranquillité relative. Ses tribus, occupées de petites querelles domestiques, ne paraissaient plus songer à s'unir pour attaquer les Romains, qui, eux-mêmes plongés dans les horreurs de la guerre civile où se dépensait toute leur énergie belliqueuse, laissaient en paix le monde.

Un homme vint — doué d'un de ces génies inquiets et redoutables faits pour changer les destinées des peuples. — Cet homme, prenant la Gaule pour arène de ses projets dominateurs, recommença contre elle une guerre terrible dont elle ne devait sortir qu'asservie et lui — maître du monde romain.

Nous avons nommé Caïus Julius Cæsar.

CHAPITRE II.

Situation des partis en Gaule avant l'arrivée de César. — Luttes entre les Eduens (peuples d'Autun) et les Sequanais (de Besançon). — Intervention et victoires d'Ariowist. — Complot d'Orgetorigh, chef des Helvètes (Suisses). — Orgetorigh est mis à mort. — Les Helvètes se disposent à passer en Gaule. — Ils sont arrêtés par César. — Prodigieuse activité de ce proconsul. — Il attaque et massacre 200,000 Helvètes. — Marche contre le chef suève (germain) Ariowist. — Terreur des soldats romains au bruit du farouche courage des Suèves. — César les harangue et les entraîne. — Défaite des Suèves. Insurrection des peuples belges. — Le druide Divitiac, allié des Romains. — Piége tendu aux insurgés. — Ils sont dispersés. — Beauvais et Soissons ouvrent leurs portes. — Bataille sanglante sur les bords de la Sambre. — César arrache la victoire aux Belges. — Héroïsme des Nerviens (peuples de Tournay). — Ils sont exterminés. — Prise de Namur. — Soulèvement des Vénètes (habitants de Vannes). — Et de toutes les villes de l'Armorique (Bretagne). — Travaux de César. — Combat naval. — Désastre des Vénètes. — Ils sont réduits en servitude. — Soumission de l'Aquitaine. — Massacre de deux tribus germaines. — César traverse le Rhin, et combat les peuples de la Germanie. — Ses préparatifs contre la Grande-Bretagne. — Il franchit le détroit Gallique (la Manche), et attaque les Bretons. — Dumnorigh. — Il refuse d'accompagner le consul en Bretagne et se fait tuer par les cavaliers romains. — Massacre d'une légion romaine par les Eburons (peuples de Liége). — Ambiorigh. — Il soulève toutes les nations du nord de la Gaule. — Assiége le camp du lieutenant Q. Cicéron. — Est défait par César. — Révolte des peuples de Chartres, de Trèves, de Sens et de la Bretagne. — Ils sont subjugués. — Dévastation du pays des Eburons. — Nouveau soulèvement des habitants de Chartres. — Et des montagnards de l'Auvergne. — Vercingetorigh. — Son origine. — Il est nommé chef de l'armée insurrectionnelle. — Ses premiers succès. — Insurrection de presque tous les peuples de la Gaule. — Dangers de César. — Son audace. — Sa célérité. — Il prend de vive force Soissons, Château-Landon, Orléans. — Massacre des habitants d'Orléans. — Vercingetorigh livre aux flammes les villes et les villages afin d'affamer l'ennemi. — Disette au camp romain. — César s'empare de Bourges. — Il va mettre le siége devant Gergovie. — Il est défait par les Gaulois. — Attaque des Parisiens par Labiénus. — Intrépidité de leur chef Camulogènes. — Ils sont taillés en pièces. — César bat en retraite. — Vercingetorigh veut lui barrer le passage. — Il éprouve un échec et se retire dans Alise. — Siége d'Alise. — Les assiégés endurent les horreurs de la famine. — Soulèvement de toute la Gaule. — Travaux de géants ordonnés par César. — Batailles formidables. — Reddition d'Alise. — Les assiégés réduits en esclavage. — Mort de Vercingetorigh. — Dernières luttes pour l'indépendance de la Gaule.

Avant l'apparition du héros des temps modernes, l'histoire n'avait pas à présenter d'homme de guerre plus illustre que César. Et cette illustration tellement grande, que durant dix-huit siècles, il ne surgit au milieu des luttes effroyables qui bouleversèrent le monde aucun chef d'armée qui la fît oublier, le consul romain l'avait conquise en combattant les Gaulois. C'est qu'il appartient surtout aux nobles adversaires d'ennoblir leurs vainqueurs. Il eût incontestablement fallu au conquérant de la Gaule moins d'efforts de génie, et il aurait été moins célèbre, s'il avait eu affaire à un peuple moins redouté et moins héroïque. La renommée, en consacrant sa gloire, atteste donc aussi la valeur des guerriers que sa fortune lui avait donnés pour ennemis.

Caïus Julius Cæsar était le neveu du grand Marius, le vainqueur des Cimbres. Doué d'une âme ardente, d'un esprit intrépide, dévoré d'ambition, il avait été compromis dans la conjuration de Catilina. Arrivé à un âge assez avancé, sans avoir obtenu l'occasion de donner l'essor à ses facultés puissantes, César se plaignait avec une ironie amère à ses intimes que « les lauriers d'Alexandre, le roi de Macédoine, l'empêchaient de dormir, » lorsqu'un ordre du sénat l'appela au proconsulat des Gaules.

Au physique, César était petit de taille, maigre et d'apparence chétive, presque chauve, usé par les désordres d'une jeunesse dont les ravages avaient cependant respecté son génie.

A l'époque de sa nomination, la Gaule était en proie aux luttes de deux grandes factions formées par les Eduens (habitant le pays d'Autun, *Bibracte*) d'un côté, et les Sequanais (dont la capitale était Besançon, *Vesontio*) de l'autre. Les Eduens, *frères et alliés des Romains*, faisaient à leurs rivaux une guerre désastreuse. Trop faibles pour résister à leurs attaques, les Sequanais avaient sollicité le secours des Suèves, tribu germaine d'outre Rhin. Ceux-ci traversèrent le fleuve, sous la conduite d'un chef nommé Ariowist, assaillirent les troupes éduennes et les battirent coup sur coup en plusieurs rencontres. Mais séduit par la beauté du climat et la fertilité du sol, Ariowist demanda aux Sequanais, en récompense de son appui, l'abandon d'une partie de leur territoire, et, sans attendre leur réponse, il y établit ses guerriers. C'était faire payer bien cher le plaisir de la vengeance. Menacés d'être dépouillés par ce terrible auxiliaire, les Sequanais se rapprochèrent des Eduens. Les deux peuples unirent leurs forces contre Ariowist. Toutefois, défaits par lui dans un combat sanglant sur les bords de la Saône, ils durent subir la loi du chef barbare.

Sur ces entrefaites, un *tiern* des Helvètes (les Suisses), du nom de Orgetorigh, tenté par le succès des Suèves, et dans l'espoir de s'élever au pouvoir suprême, persuada au peuple de sa tribu d'abandonner ses montagnes stériles, pour aller chercher dans l'ouest de la Gaule un climat plus riche et un ciel plus doux. Orgetorigh entretenait des relations avec un Eduen très influent nommé Dumnorigh, et le Sequanais Castic, dont le père avait gouverné la contrée. Ces personnages aspiraient, comme lui, à se faire rois en asservissant leurs concitoyens. — Tel est du moins le rapport de César dans ses *Commentaires*. — Tous les trois s'étaient engagés à s'entr'aider de leurs forces et de leur influence pour le triomphe de leurs projets.

— Aidez-moi, avait dit Orgetorigh à ses complices étrangers, à m'emparer du pouvoir, et mes partisans joints aux vôtres nous rendront les maîtres de la Gaule.

Malheureusement pour lui, ce complot fut découvert.

Aussitôt le peuple helvète, jaloux avant tout de son indépendance, court aux armes; les magistrats s'assemblent. Orgetorigh est amené devant eux. On le somme de se justifier. Il s'y refuse, et en appelle à ses affiliés. Ceux-ci, très nombreux, parviennent à le délivrer par la force. Les magistrats se mettent alors à la tête du peuple. Une lutte s'engage. Orgetorigh est défait, et prévenant la sentence dont il est menacé, il se donne la mort.

Mais les Helvètes ont poursuivi dans ce tiern le traître qui songeait à les asservir ; quant au projet d'émigration qu'il leur a suggéré, ils ne l'abandonnent pas. Afin même de s'enlever tout désir de retour, ils brûlent douze de leurs villes (les maisons étaient construites en bois) et quatre cents villages, noient tout le grain qu'ils ne peuvent emporter, dispersent leurs bestiaux et ravagent le pays. Chaque émigrant s'est pourvu de vivres pour trois mois. Ils se mettent en route au nombre de 368,000.

Deux voies se présentent : l'une pénible, hérissée d'obstacles, par le pays des Sequanais (Franche-Comté) à travers le mont Jura ; l'autre facile et ouverte, par la province romaine (la Provence). Ils choisissent ce dernier chemin, espérant obtenir des habitants le libre passage. Le 28 mars (58 av. J.-C.), ils arrivent de tous les points de l'Helvétie sur les bords du Rhône. Le pont de Genève, jeté sur ce fleuve, leur appartient ; il a été construit par leurs ancêtres. Mais informé de leur projet d'émigration, César est accouru de Rome avec une célérité foudroyante, et il a fait couper le pont.

Les Helvètes lui envoient deux députés : Numée et Veroduct.

— Les Santons (habitants de la Saintonge), lui disent ces députés, nous offrent des terres mieux exposées et plus fécondes que les nôtres. Laissez-nous traverser en amis la province Narbonnaise. Nous nous engageons à ne commettre aucun dégât.

César n'a près de lui qu'une seule légion, environ 6,000 hommes ; il répond aux envoyés helvètes qu'il ne s'opposera pas à leur passage, mais qu'il doit consulter le sénat ; et il ajourne au 23 avril une réponse définitive.

Nous croyons inutile de faire observer que, dans cette guerre des Gaules, César, à l'exemple des autres consuls, ses collègues, n'a pas craint de mettre en œuvre toutes les injustices, toutes les perfidies, toutes les cruautés. Ce sont là des licences que se permettent les héros conquérants. Si on les jugeait d'après les lois de la morale vulgaire, ils n'apparaîtraient en général que comme les plus éminents malfaiteurs de l'humanité. Mais les peuples ne considèrent encore — et c'est un tort immense dont ils sont les premières victimes — pour décerner des palmes de gloire que les travaux accomplis. Ils passent tout à l'homme de génie qui les domine, étourdis par le bruit de ses entreprises, éblouis par l'éclat de ses succès. Ils admirent, et l'admiration étouffe chez eux la voix de la conscience.

Assurément César pouvait refuser aux Helvètes le passage sur le territoire romain; il pouvait même — ce qu'il fit, — pour défendre ce passage, construire avec une activité surhumaine (dans un délai de quinze jours) une muraille de seize pieds d'élévation flanquée de tours et bordée d'un fossé profond sur une étendue de dix-neuf milles depuis le lac Léman jusqu'au mont Jura. Travail de Titans! Œuvre colossale qu'il était libre de produire en témoignage de la puissance de sa volonté. Mais empêcher les Helvètes de prendre, pour arriver en Gaule, un autre chemin, et d'aller s'établir sur des terres inhabitées, dont la jouissance leur était offerte par un peuple indépendant, cela dépassait son droit. Il s'y résolut néanmoins. Car ce qu'il recherchait, ce n'était pas la justice, mais la domination, mais la gloire.

Le 23 avril, Veroduct et Numée reviennent vers lui. Ses mesures sont prises. Il leur répond alors par une défense péremptoire de tenter le passage, et pour appuyer sa réponse, il leur montre la muraille quasi-chinoise qu'il a fait bâtir. Les Helvètes s'aperçoivent que le consul les a trompés. Toutefois, reconnaissant le droit dont il use de garder sa province, ils s'adressent aux Sequanais; et, grâce à l'entremise de Dumnorigh, ils obtiennent l'autorisation de traverser les défilés du Jura. Ce n'est pas ce que veut César. Confiant à son lieutenant Labiénus le commandement de sa légion, il court à Rome.

Les Helvètes ont évité la province romaine. Arrivés au bord de la Saône (l'Arar), ils se construisent des radeaux. Mais à peine les trois quarts des leurs ont-ils franchi le fleuve que César arrive comme le tonnerre et, tombant sur l'arrière-garde helvétienne, la taille en pièces avant même qu'elle ait songé à se défendre. Puis il jette un pont sur la Saône, et se met à la poursuite du gros de l'armée émigrante.

Trois semaines lui ont suffi pour aller à Rome, en ramener cinq légions, se frayer à travers les Alpes un passage vaillamment disputé par les Centrons (nation puissante de la Savoie) unis aux Garocèles (de la Maurienne) et aux Caturiges (des hautes Alpes).

De l'autre côté de la Saône, il rencontre un corps de guerriers helvètes, qui, furieux du massacre de leurs compagnons, n'hésitent pas à l'attaquer. Secrètement favorisés par Dumnorigh, ces braves montagnards surprennent et affrontent les cavaliers consulaires, les assaillent, les dispersent et vengent la mort des leurs dans le sang romain.

Cet échec rend César plus prudent. Il s'aperçoit qu'il traverse une contrée remplie d'embûches. Les Eduens, quoique alliés à la République, se montrent très réservés et sourdement hostiles à son entreprise. Ils lui refusent des vivres sous de mauvais prétextes, et cachent leurs fourrages, pendant que les Helvètes en sont fournis en abondance.

Le consul mande dans son camp les magistrats d'Autun.

— C'est pour votre cause que nous nous sommes armés, leur dit-il. Je combats pour vous venger. Vous avez autant d'intérêt que moi à nos succès. J'avais compté sur votre concours, et vous nous livrez sans vivres à la merci de nos ennemis. Je vous regardais dans cette guerre comme des alliés ardents et fidèles, et vous n'en paraissez que les témoins indifférents.

Lisc, le chef des magistrats (vergobreith), découvre alors au consul qu'un parti ennemi de Rome s'est formé dans la cité d'Autun et s'est emparé du pouvoir.

— Des hommes audacieux, dit-il, ont persuadé à la multitude qu'il ne fallait pas vous envoyer de vivres. Ils prétendent que si les Eduens doivent perdre la suprématie dans les Gaules, il vaut mieux que cette suprématie passe aux Helvètes, Gaulois comme eux, qu'à des Romains qui détruiraient notre indépendance. Ces factieux correspondent avec l'ennemi, et lui révèlent tous vos desseins. J'avoue que jusqu'à ce jour, la crainte qu'ils m'inspirent m'avait imposé silence.

C'est César qui nous a conservé, dans ses *Commentaires*, cette précieuse réponse du vergobreith éduen. Elle est, en soi, tellement naturelle, tellement caractéristique du fonctionnaire écrasé entre deux partis, qu'on ne peut douter qu'elle n'ait été faite.

Menacé par des alliés qui ne subissaient qu'avec impatience le joug de Rome, le consul comprit qu'un second échec ferait éclater le pays et massacrer jusqu'au dernier de ses soldats. Une victoire prompte et décisive pouvait seule le sauver. Il parvint à se procurer des vivres et se prépara à engager le combat. L'armée helvète, arrêtée près d'Autun, paraissait l'attendre et le braver.

César sentait que cette première grande bataille devait décider de sa fortune.

Déterminé à vaincre ou à périr, il ordonne d'éloigner de son camp tous les chevaux, même le sien ; il enlève ainsi aux soldats tout moyen et tout espoir de fuite. Cet ordre exécuté, le consul passe dans les rangs des légionnaires, les harangue, puis il se porte contre les émigrants.

Ceux-ci sont rangés sous les murs de la ville et attendent l'ennemi de pied ferme. Mais arrivées à la portée du trait, les légions s'arrêtent et exécutent un mouvement de retraite. Attribuant ce mouvement à la crainte, les Helvètes poussent de bruyants cris de victoire, et se précipitent avec impétuosité sur le front de bataille de l'armée consulaire. Le choc est effroyable. Les premiers rangs des soldats romains sont écrasés. Toutefois une grêle de dards et de flèches éclaircit bientôt la foule pressée et confuse des assaillants. Leurs boucliers sont criblés ; ils les jettent et combattent à découvert.

Ils attaquent les cohortes qui de tous les côtés leur présentent la pointe des lances. Eperdus de fureur, ils se ruent sur les lignes immobiles la hache ou la pique à la main, mais ne peuvent les rompre, et c'est à peine s'ils parviennent à atteindre et à blesser de loin le légionnaire enfermé dans son armure d'airain. En peu de moments la plaine est jonchée de leurs morts. Cependant ils s'acharnent longtemps encore contre ces murailles de fer, d'où partent des nuées de traits qui les déciment.

Lassés enfin, découragés, ils reculent. César ordonne alors aux légions de s'ébranler pour précipiter leur déroute. Mais un corps de réserve, composé de cavaliers boïens (Bavarois) et d'Helvètes (du pays de Zurich), prend l'armée romaine en flanc, l'entame, et la lutte recommence avec un redoublement de rage. A leur tour, les légionnaires sont massacrés. Le consul rallie, apostrophe ses soldats, combat à leur tête. A ce moment décisif, il paie de sa personne. Vingt fois il est sur le point d'être pris ou tué. Désespérant de vaincre, il veut du moins vendre chèrement sa vie. Tout à coup son lieutenant Labiénus, attendu depuis le matin, débouche sur le champ de bataille, prend l'ennemi par derrière, et vient décider du sort de la journée.

Les Helvètes, attaqués de tous les côtés à la fois, épuisés de lassitude, battent en retraite, et se retirent dans leur camp, entouré de chariots. Mais César veut une victoire éclatante et complète. Malgré l'obscurité de la nuit, il assaille le camp; l'enceinte des chariots est forcée après une nouvelle lutte de plusieurs heures, et les légionnaires exercent d'horribles représailles.

200,000 émigrants, hommes, femmes, enfants et vieillards, sont tués à coups d'épées, de flèches et de javelots.

Les débris de ce malheureux peuple tentent de se réfugier dans le pays des Lingons (territoire de Langres et Dijon). Le consul, hors d'état de les poursuivre, fait défendre aux habitants de les recevoir sous menace de la guerre. Il est obéi. Et les vaincus, sans asile, sans vivres, repoussés de toutes les contrées par les tribus épouvantées, se trouvent dans la dure nécessité de s'en remettre à la merci du vainqueur. César leur ordonne de retourner dans leurs montagnes et d'y rebâtir leurs villes. Il se fait livrer leurs armes et des otages.

Ils étaient partis au nombre de 368,000, dont 92,000 en état de porter les armes. 110,000 seulement rentrèrent en Helvétie. A part quelques milliers de prisonniers, des autres, c'est-à-dire d'environ 220 à 230,000, il ne restait que les cadavres : piédestal de gloire du consul romain !

Deux prétextes contradictoires avaient été mis en avant pour motiver cette guerre terrible. César avait prétendu forcer les Helvètes à rester dans leur pays, parce que, disait-il, ce peuple protégeait la province romaine de Narbonne contre les irruptions des Germains; et il affectait de craindre d'un autre côté qu'en allant s'établir dans le pays des Santons, il ne devînt un dangereux voisin pour les Tolosates (habitants de Toulouse) alliés des Romains.

Depuis la grande défaite de Biteuth, chef des Arverniens (montagnards de l'Auvergne), la Gaule n'avait pas ressenti d'ébranlement plus profond.

Toutefois le premier moment de stupeur passé, elle parut se résigner à subir la supériorité tant de fois éprouvée des armes romaines. Les magistrats des provinces alliées de Rome et de quelques cités du centre, ennemies de la veille, vinrent féliciter officiellement César, et lui demander la *permission* de convoquer une assemblée générale des députés de toutes les villes, pour délibérer, suivant l'usage, sur les intérêts de la Gaule.

Un druide éduen, frère de Dumnorigh, mais dévoué aux intérêts de Rome, Divitiac, auquel Cicéron témoignait beaucoup de considération affectueuse, assistait secrètement aux conseils privés de César, et lui révélait tout ce qui se tramait dans le camp opposé. C'était lui qui avant la bataille avait procuré des vivres aux légionnaires. Après la victoire, il tourna l'attention du consul sur les empiètements du chef suève Ariowist. Ce barbare s'était emparé du tiers des terres sequanaises, et y avait établi une colonie turbulente et pillarde. César, qui déjà méditait de se rendre maître de la Gaule, craignant un rival dans le sauvage germain, résolut de le combattre, s'il ne consentait à se retirer. Des ambassadeurs allèrent de sa part lui demander de se rendre à une conférence dont il fixerait le jour.

— Si César a quelque chose à me dire, qu'il vienne me trouver, répondit fièrement Ariowist. Au reste, je ne comprends pas de quel droit il prétend s'interposer entre le tranchant de mon sabre et les ennemis que j'ai vaincus.

Assez peu satisfait de cette réponse, le consul lui fit dire que s'il ne discontinuait pas de piller et de désoler la contrée, il se verrait forcé de protéger ses alliés par les armes.

— Les Eduens, répliqua le chef barbare, subissent le sort de la guerre. Vaincus en plusieurs batailles, ils n'auront la paix qu'en payant un tribut. Le secours de Rome ne ferait que précipiter leur ruine. Quant à César, s'il veut tenter contre moi la fortune des armes, qu'il vienne! Il connaîtra bientôt à ses dépens ce que peut le courage d'un peuple qui depuis quatorze ans n'a dormi qu'abrité sous la tente!...

Appelées par Ariowist, toutes les tribus suèves, au nombre de cent, se disposaient à passer le Rhin.

César en est informé. Il n'hésite plus. Décidé à livrer bataille avant l'arrivée de ce renfort redoutable, il se dirige à marches forcées sur Besançon, que menace de son côté le chef germain. Il gagne Ariowist de vitesse, et s'empare de la ville.

Mais le récit des Eduens sur la force invincible, la taille gigantesque et l'audace féroce des Suèves ont épouvanté les légionnaires. Ces soldats jusqu'alors d'un courage incomparable tremblent à l'approche de l'ennemi inconnu. Et bientôt emportés par la terreur, ils se mutinent, refusent obstinément de marcher, et réclament avec menace le signal de la retraite.

Les Suèves arrivent. Le danger est imminent. Un moment d'hésitation, et la fortune de Rome s'écroule. César tient tête à l'orage. Intrépide, inébranlable, il affronte les menaces, fait taire les murmures, et, le silence rétabli, il combat par la parole cette panique insensée.

— Ceux-là qu'on vous fait craindre, s'écrie-t-il, sont les fils d'ennemis que nos pères ont vaincus, les fils des Cimbres et des Teutons. Serions-nous dégénérés au point de reculer devant les hordes de ces Barbares? Alors renions notre origine; ne nous disons plus Romains. Ne déshonorons pas ce grand nom! Un Romain recule devant la honte, jamais devant le danger. Que ceux d'entre vous qui ont peur sortent des rangs, abandonnent nos aigles. Ils peuvent partir. Je ne veux garder avec moi que les braves. Soldats de la dixième légion, ajoute-t-il en s'adressant directement à cette troupe composée de vétérans éprouvés, je suis sûr que vous ne me quitterez pas!

A ces paroles, les légionnaires interpellés font retentir l'air de cris d'enthousiasme, les centurions des autres cohortes brandissent au-dessus de leur tête le cep de vigne, insigne de leur grade, et s'écrient :

— Marche César ! Nous te suivrons jusque dans le gouffre de la mort.

— A la victoire, mes amis ! répond le consul d'un ton ferme et fier. Nos armes sont invincibles.

Il part. Ariowist a battu en retraite. Il ne le rencontre qu'à huit journées de Besançon (dans les plaines de l'Alsace). Mais le chef suève se tient enfermé derrière les chariots qui entourent son camp, et ne paraît pas vouloir accepter la bataille. Il fait dire à César qu'il est prêt à l'écouter. Les deux généraux conviennent d'un rendez-vous. Au jour indiqué, ils s'avancent l'un vers l'autre à cheval, suivis chacun d'une escorte, et s'arrêtent sur un monticule situé à égale distance des deux armées. Là, ils confèrent quelques moments, s'adressant de mutuels reproches. Mais le consul s'aperçoit que son escorte est attaquée par celle d'Ariowist. Il rompt l'entretien et tourne bride. Rentré dans ses retranchements, il est instruit par des prisonniers du motif de l'apparente timidité de l'arrogant barbare. Les elfes (fées, sorte de druidesses germaines) ont déclaré que si les Suèves livraient combat avant la nouvelle lune, ils seraient vaincus.

Habile à profiter de cette circonstance, César marche aussitôt suivi de toutes ses forces à l'attaque du camp ennemi. Les Germains, obligés de se défendre, saisissent leurs armes, sortent de derrière les chariots, et la bataille s'engage avec une ardeur égale des deux côtés. A la tête de la dixième légion formant son aile droite, le consul culbute l'aile gauche des Suèves. Moins heureux au centre, il voit son armée plier sous le choc du formidable assaut d'un corps de cavalerie commandé par Ariowist en personne. Pendant plusieurs heures, les Suèves maintiennent leur supériorité, et paraissent devoir arracher la victoire aux légionnaires.

Mais César est véritablement invincible !

Rien ne l'arrête. Il se multiplie et s'avance, sans jamais regarder en arrière. Son acharnement tient du désespoir. Il ne veut pas être vaincu, et résolu à rester sur le champ de bataille triomphant ou mort, il accomplit des prodiges. Cependant, malgré son opiniâtreté intrépide, Ariowist l'emporte encore sur le centre et l'aile gauche des légions. La fortune se prononce en sa faveur, quand arrive à l'improviste le lieutenant consulaire Crassus à la tête d'une réserve de cavalerie. Il prend en flanc les Germains harassés de fatigue, les enfonce, les disperse et les force à lui céder le terrain.

De ce moment le combat se change en massacre.

Les Suèves, fuyant à l'aventure, sont impitoyablement sabrés et poursuivis jusque sur les bords du Rhin, où ils se précipitent à la nage, éperdus de terreur. Une foule considérable de guerriers périssent emportés par les eaux du fleuve ; quelques-uns seulement parviennent à gagner l'autre rive. Parmi ces derniers Ariowist. Mais il laisse ses deux femmes et ses deux filles au pouvoir du vainqueur.

Son armée est exterminée.

César clôt par cette grande victoire sa première campagne. Il reçoit de nouvelles félicitations des villes alliées et se retire dans la Gaule cisalpine, laissant à Labiénus le commandement de ses légions hivernées sur le territoire des Séquanais.

Mais la trêve ne saurait durer tout l'hiver. En effet, les Gaulois du Nord, encore indomptés, s'irritent au bruit des succès des envahisseurs et s'arment secrètement.

En peu de temps un vaste complot est ourdi, et les peuples belges revendiquent l'honneur de reconquérir l'indépendance de la Gaule. Le consul est informé de leurs projets. Il apprend qu'ils se confédèrent et échangent des otages. Il quitte aussitôt la Cisalpine et revient se mettre à la tête de ses troupes.

« Les Belges, dit-il dans ses *Commentaires*, sont les plus braves de tous les Gaulois. Plus éloignés de la province romaine et plus étrangers à l'éducation, à l'urbanité et aux arts civilisateurs, le commerce ne porte point chez eux tous ces objets de luxe qui efféminent les esprits. »

Ils occupaient toute la contrée nord de la Gaule depuis la Seine et la Marne.

En moins de quinze jours, César a réuni à son armée, fortifiée de deux légions, un corps nombreux d'auxiliaires éduens et de cavaliers de Trèves. Les Rèmes (habitants de Reims) ont été gagnés à son alliance. Les Belges envahissent leur territoire, le consul accourt pour les protéger, occupe leur capitale, et cherche à détacher les Suessonnais (de Soissons) de la ligue ennemie. Mais il n'y parvient pas. Leur *tiern*, nommé Galba, a été élevé au commandement des forces de la confédération, et 50,000 Suessonnais ont pris les armes pour la délivrance de la Gaule. Plus heureux près des Senonais (de Sens), il les séduit, les éblouit de promesses, captive leur confiance et obtient d'eux des renseignements importants sur la composition des milices confédérées.

Ces milices comprennent les guerriers bellovaks (de Beauvais), nerviens (de Tournay), atuatiks (de Namur), atrébates (d'Arras), ambiens (d'Amiens), morins (de Terouane), menapiens (du Brabant), veliocasses (de Rouen), calètes (de Caux), éburons (de Liége), et de quelques autres peuples belges et germains moins puissants. A eux seuls les Bellovaks ont fourni 60,000 soldats. L'armée coalisée s'élève à 340,000 combattants.

César marche à sa rencontre. Il la trouve campée sur les bords de l'Aisne, et l'occupe de petites escarmouches, pendant que le druide Divitiac s'avance à la tête des Eduens, et par des chemins détournés, du côté de Beauvais (*Bellovaci*), afin d'opérer une diversion favorable aux entreprises du consul. Les confédérés étendent leurs lignes et s'efforcent de tourner l'armée romaine. Ils coupent ses communications avec la ville remoise de Bièvres (Bibrac), devant laquelle ils mettent le siége. Un combat opiniâtre s'engage entre les assiégeants et les légionnaires. Mais tout à coup le bruit se répand que les Eduens ont pris et pillent Beauvais. Les Bellovaks font aussitôt défection pour courir à la défense de leur ville. Le trouble et la confusion la plus grande règnent parmi les confédérés. Persuadés que leurs différents pays sont en proie à la dévastation, ils se séparent brusquement, et chaque peuple se hâte de retourner sur son territoire.

La ruse du consul a réussi.

Bataille de Bouvines
27 juillet 1214

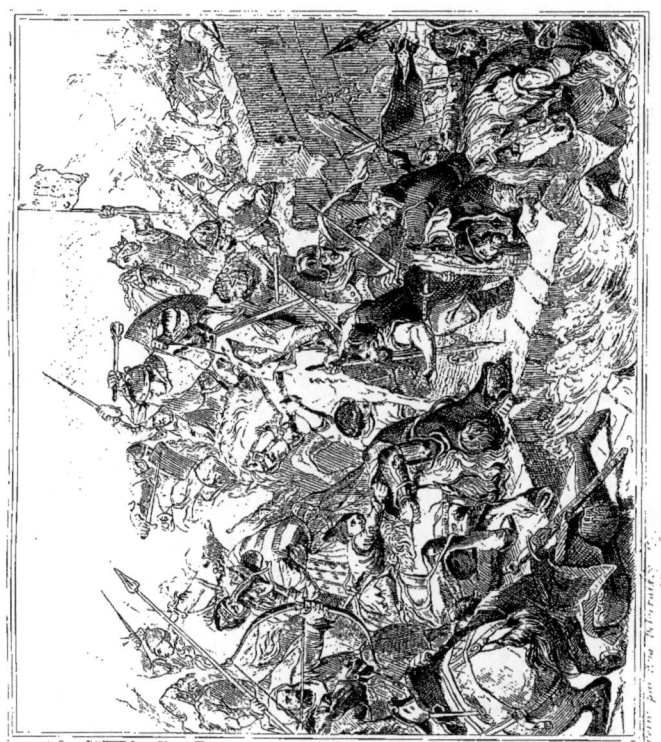

Bataille de Juillebourg
21 juillet 1242

79